第4章 いまだに輪郭がつかめない「影の組織」――163

カバーイラスト■白井成樹／アフロ
本文イラスト■Adobe Stock
図版作成■中山デザイン事務所
DTP■フジマックオフィス
協力■カミ通信（新明正晴）

第1章

教科書には載らない「影の組織」

日本の城郭建築の八割を担った〝天下一〟の石工集団「穴太衆」の謎

▼地震に強い日本の歴史的木造建築

日本地震学会によると、日本およびその周辺で人間の体に感じる地震（震度一以上の有感地震）は一年間に千〜二千回も起きているという。これは一日に三〜五回にもなる計算だ。文字通り、「地震大国ニッポン」である。

ところが、そんな地震頻発国にあって歴史的木造建築が地震によって倒壊したという話はほとんど聞いたことがない。よく引き合いに出される法隆寺五重塔など、千三百〜千四百年間もの永きにわたって創建時の姿を現代にとどめているのだ。これはまさしく日本建築史上の奇跡と言ってよいだろう。

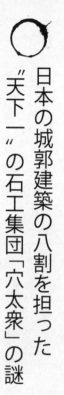

地震に強いという意味では近世城郭《じょうかく》もそれに当てはまる。戦国時代から江戸初期にかけて建築された城で、創建時の天守の姿を今に伝えている城は十二を数える。江戸時代の「一国一城令」、明治時代の「廃城令」、さらに太平洋戦争時の米軍の空襲がなければもっと多くの城が地震に耐えて各地で現存していたはずである。

そんな近世城郭建築の一翼を担ったのが、これから紹介する「穴太衆《あのう》」である。かつて日本に存在した、穴太積《あのうづみ》の名で知られる城などの石垣づくりを専門とした石工《いしく》集団だ。彼らは織田信長《おだのぶなが》が築城した安土《あづち》城を皮切りに、各地の大名から依頼を受け、近世城郭のほとんどの普請《ふしん》に携わった。

あまたの石工がいるなかで、穴太衆に大名たちの依頼が集中したのは一体なぜだろうか。穴太衆が歩んできた歴史と共にそのあたりの謎を解いていくことにしよう。

▼朝鮮半島からの渡来人がルーツ？

京都と滋賀の境にあり、千二百年の歴史を誇る天台宗の総本山、比叡山延暦寺《ひえいざんえんりゃくじ》。その門前町で滋賀県大津市坂本穴太が石工集団・穴太衆のふるさとである。穴太衆の歴史は延暦寺の歴史と共に紡《つむ》がれてきた。彼らは延暦寺の創建時から境内や門前町にある石垣の普請に携わり、石積みの技を営々と磨いてきたのである。

延暦寺以前の穴太衆だが、確かな史料が残っていないため、はっきりしたことはわからないが、元々のルーツは大陸（朝鮮半島）からの渡来人だったらしい。穴太には「穴太野添古墳群《のぞえこふんぐん》」という名の六〜七世紀ごろに造営された古墳の密集地帯があり、大陸由来とみられる横穴式石室の石積みは、のちに穴太衆がもっとも得意とした石の積み方「野面積《のづらづみ》」とそっくりだという。

今日、江戸時代の初期から穴太衆の技を受け継ぐ一族に大津市の粟田《あわた》家（商号は「粟田建設」）があるが、同家では「その昔、朝鮮半島にあった百済《くだら》に、穴太と名乗る部族がいて、それが土木工事や石工を得意とする集団だった」という口伝が残されているという。この口伝が正しいとするなら、古墳時代に朝鮮からその穴太の一族が渡来し、琵琶湖南西端にある大津に住み着き、以来、得意とする石積みの技をその時々の権力者のために発揮してきたのであろう。

▼信長、比叡山の焼き討ちによって穴太衆を知る

古墳時代から穴太衆の石積み技術が途絶えることなく脈々と受け継がれてきたの

は、彼らが大陸から持ち込んだ技術に固執《こしゅう》せず、雨や湿気、山岳地帯が多いという日本独特の気候や自然環境を考慮し、新技術を次々に生み出していったからだと言われている。特に、加工を最小限にとどめた自然石を積み上げていく野面積の石垣は、堅牢《けんろう》でありながら水はけを邪魔しない最適な積み方として知られている。

そんな古墳時代から培った穴太衆の技術の粋を結集させたのが、比叡山延暦寺だったのである。ところが戦国末期となり、穴太衆が心血を注いだその延暦寺が傍若無人に破壊されるという大事件が起こる。織田信長のしわざだった。

信長はこの「比叡山の焼き討ち」によって、重臣の丹羽長秀《にわながひで》に焼け残った石垣まで徹底して破壊するよう命じたという。ところが、ほどなくして信長のもとに戻って来た長秀は、あきれた表情でこう言上《ごんじょう》した。

「頑丈この上なし。破壊しつくそうとすれば、どれほどの人手と時間がかかるか知れたものではございません」

このときの長秀の報告によって、信長は初めて石工集団・穴太衆の存在を知ったようである。のちに信長は天下布武《ふぶ》の象徴として琵琶湖東岸に安土城を建設するのだが、石垣づくりは穴太衆に一任したという。信長にとって延暦寺の石垣はよほど衝撃的だったのであろう。

▼江戸も中期になると石垣の依頼が激減

穴太衆による安土城の石垣普請は、信長が穴太衆に対し「天下一の石工集団である」というお墨付きを与えたようなものだった。当然そうなると、新たに城を建設したいという大名や改築したいという大名から穴太衆に依頼が殺到した。

この戦国末期から江戸初期にかけて、穴太衆が石垣普請の全体、または一部に携わった城は大坂城、江戸城、名古屋城、姫路城、伊賀上野城……など枚挙にいとまがない。一説に、近世城郭のほぼ八割にかかわっているという。穴太衆の最盛期には三百人余りの職人がいて、各地の大名から引き抜きにあう例も珍しくなかった。

豊臣方から徳川方に鞍替《くらが》えし、のちに家康から土佐一国を賜《たまわ》った山内一豊《やまうちかずとよ》など、土佐に入国する際、穴太衆の一人を召し抱えたのだが、最初に決めていた俸禄百石ではヨソに取られかねないと心配し、百五十石に引き上げたほどである。それほど当時の穴太衆は引く手あまただったのである。

ところが江戸も中期になると、それまでの築城ブームも収まり、穴太衆への依頼は激減してしまう。古代から継承されてきた穴太衆の石積み技術もこれで途絶えてしまうのかと心配されたが、それを救ったのが故郷の坂本だった。

それまで比叡山の門前町である坂本を活動拠点としてきたことがさいわいし、最盛期には比ぶべくもないが、延暦寺や門前町の営繕仕事を細々と続けることで、かけがえのない技術を後世に伝えることができたのであった。

▼穴太衆が手がけた熊本城がなぜ地震で崩壊？

穴太衆の石積み技術がどれほどすごいのか――そのことを証明する、ある実証実験が近年行われている。新名神高速道路の建設時、道路わきの防壁を整備するために京都大学大学院の研究者らによって、穴太積とコンクリートブロックでそれぞれ斜面の崩壊を防ぐための擁壁《ようへき》（幅十五メートル、高さ三・五メートル）をつくり、どちらが荷重により耐えるかを実験したのである。

結果、荷重二百トンでまずコンクリートのほうに亀裂が入った。二百二十トンになると壁の勾配《こうばい》の傾斜が厳しくなり、これ以上は崩壊の恐れがあって危険というので、実験はその時点で中止された。一方、穴太積は二百二十、二百三十、二百四十、二百五十トンと上がったが、壁面にほとんど変化は見られなかった。自然石を利用した穴太積が現代のコンクリートブロックの強度をはるかに凌《しの》いだのである。

もうひとつ、穴太衆の名誉のために述べておくことがある。それは熊本城のことだ。平成二十八年(二〇一六年)四月、熊本は国内の地震観測史上初めて二度の震度七に立て続けに見舞われた。この大地震によって熊本城のほとんどの建物や石垣などが大小の被害に遭ったことはご存じのとおり。

この石垣も元々は穴太衆が手がけたものだった。ではなぜ崩れたのかといえば、実は熊本城の石垣は明治期に大改修がなされており、その際、穴太衆にお呼びはかからなかったのだ。改修の際、穴太衆の知恵が加わっていれば、被害の規模ははるかに軽減できたはずだと城郭建築の専門家はみているという。

○たった一つの村が戦国を大きく変えた！「国友鍛冶衆」の秘密

▼わずか十年で十万挺の鉄砲を生産する

わが国における鉄砲の歴史は、戦国期の天文十二年（一五四三年）、ポルトガル商人によって種子島にもたらされたのがその起源とされている。

その鉄砲伝来から約十年後、日本を訪れたイエズス会宣教師の一人が、日本国内で十万挺を超える国産（日本製）の鉄砲が存在すると記録している。未開の地だとばかり思い込んでいたこの国に、わずか十年余りで十万挺の鉄砲をこしらえてしまう工業生産力があったとは驚き以外の何物でもない、とも述べている。

そんな鉄砲の大量生産に大きく貢献したのが、近江国《おうみ》（滋賀県）の国友鍛冶衆《くにともかじ》だ。

戦国時代にいち早く鉄砲生産に乗り出した鍛冶集団である。この国友鍛冶の歴史的背景をはじめ、その栄光と挫折の歴史に迫ってみよう。

▼見本を見せられてから半年後に完成

琵琶湖の北東岸、現在の長浜市に属する国友町（旧国友村）が、国友鍛冶のふるさとである。地名「国友」の由来だが、奈良時代に朝鮮半島の百済《くだら》から、国が滅んだことで故国を追われた人々が日本に多数渡来してきた。そのうち大陸の様々な最新知識を身につけた僧侶がこの地に封ぜられ、その僧侶の名にちなむという。

古代、琵琶湖周辺には鉄鉱石が採れる山が多くあり、弥生時代は出雲にも劣らないほどの鉄の産地であったという。特にこの湖北地方は、古代の製鉄遺跡（木之本町の古橋製鉄遺跡など）がいくつも確認されているほか、製鉄にちなんだ古い地名（金居原《かねいはら》、金糞岳《かなくそだけ》、伊吹山など）が点在していることからもわかるように、古代から製鉄技術が継承されていた。そうした下地があるところに百済から最新の製鉄技術を身につけた人たちが国友周辺に移住してきて、一段とこの地方の製鉄技術はレベルアップしたものとみられている。

この国友村で鉄砲を製造するようになったきっかけだが、鉄砲鍛冶たちが自ら記録した『国友鉄砲記』によると、鉄砲伝来の翌年の天文十三年（一五四四年）二月、室町幕府第十二代将軍・足利義晴《あしかがよしはる》が、管領《かんれい》（将軍の補佐）・細川晴元《ほそかわはるもと》を介して村の鍛冶・善兵衛らに見本の鉄砲を示し、これと同じ物を作ってくれと依頼したことに始まる。そして、そのわずか六カ月後に善兵衛らは二挺の鉄砲を完成させ、足利義晴に献上したという。

▼信長から五百挺の大量注文が舞い込む

鉄砲の登場によって、武将たちの戦《いくさ》は大きく様変わりした。西洋からもたらされたこの最新武器にいち早く飛びついたのが、織田信長《おだのぶなが》だった。『国友鉄砲記』には、鉄砲伝来から六年後の天文十八年（一五四九年）七月、信長から五百挺の鉄砲の注文が村にあり、それが翌年十月に完成したと記録されている。

この大量注文に応えるため村では、それまでの家内工業的な生産方式を見直し、部品の大きさや形などの規格を統一。分業で製造して最終的に組み立てるという現代の生産方式にも通じる合理的な方式にシフトチェンジを図ったという。

しかし、この信長の鉄砲五百挺の注文については、史家の間で疑問の声も上がっている。天文十八年といえば、信長は数えで十六歳だ。父信秀《のぶひで》の死去により家督を継ぐのはその三年後の十九歳のときだから、いくらなんでも家督前の「うつけもの」にそれほどの裁量は与えられていなかったはず、というのである。これはたぶん、年号をうっかり書き間違えたか、あるいは何らかの理由で意図的に違った年号を記したのであろう。

いずれにしろ、こうした国友鍛冶衆の働きもあり、戦国末期には日本国内で五十万挺以上もの鉄砲があったと推定されている。これは疑いもなく、当時の世界最大の鉄砲保有国であった。

▼国友鍛冶の天才が最後に残したものとは

徳川家康《とくがわいえやす》は慶長五年（一六〇〇年）九月の「関ケ原の戦い」に勝利すると、国友鍛冶衆に対し鉄砲を大量に発注するようになる。これは、豊臣との最終決戦に備えたものだった。この関ケ原から、豊臣が滅ぶ「大坂夏の陣」（慶長二十年＝一六一五年）までの約十五年間が、国友鍛冶衆の全盛期であった。

この全盛期には、村に七十軒余の鍛冶屋があり、五百〜七百人もの職人が働いていたという。まさに国友村全体が幕府直轄《ちょっかつ》の鉄砲工場だったのである。

ところが、戦もなくなり世の中が平和になると、国友鍛冶衆への鉄砲の注文は激減する。そこで仕方なく職人たちは生活のために彫金などの金細工や花火を作るようになる。また、享保九年（一七二四年）にはそれまで幕府の天領だった村は大和《やまと》郡山《こおりやま》藩の藩領へと移行し、幕府からも見捨てられてしまった。

その後、村は金細工や花火でどうにか生計を立てていたが、幕府後期となり、村から突如として一人の天才職人が現れる。それが、「東洋のエジソン」とも称される国友藤兵衛（一貫斎《いっかんさい》）である。彼の存在こそが、いまや歴史の闇に埋もれようとしていた国友鍛冶の最後の光芒《こうぼう》となった。

一貫斎は日本で最初の実用空気銃や反射望遠鏡を製作した人物で、その自作の望遠鏡で天体観測も行った。そこから国友は日本の天文学発祥の地とも言われている。

○信長も手を焼く最強傭兵軍団「雑賀衆」を滅ぼした、ある意外な敵

▼鉄砲の名人で無類の女好き

戦国期、日本に鉄砲を広めた近江《おうみ》の国友鍛冶《くにともかじ》衆については前項で述べたが、ここでは自前の鉄砲で織田信長《おだのぶなが》を大いに苦しめた紀州の雑賀《さいか》衆を取り上げる。

司馬遼太郎の歴史小説『尻啖《くら》え孫市』で、雑賀衆の存在を知ったという人も多いはず。本作の主人公、雑賀孫市《まごいち》は、雑賀衆という地侍集団の頭目で実在の人物。小説では鉄砲の名人、しかもあけっぴろげな性格で無類の女好きという設定だ。孫市は、織田信長と石山本願寺が戦った石山合戦では射撃に長《た》けた雑賀の傭兵《ようへい》軍団を率いて本願寺に味方し、織田軍をさんざんに悩ませている。

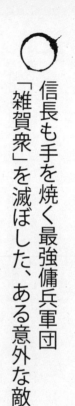

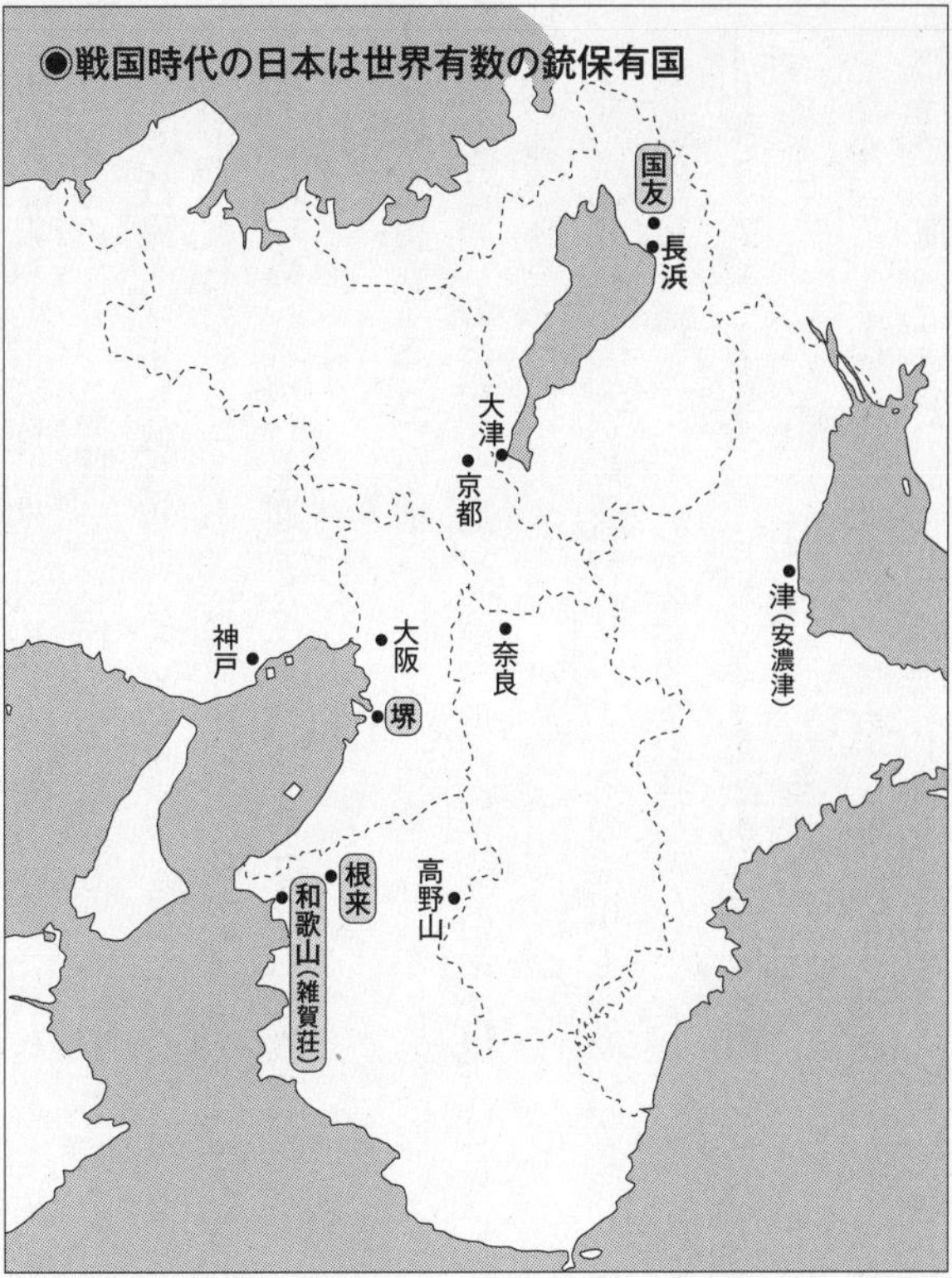

戦国時代の主な鉄砲生産地としては近江《おうみ》国の国友《くにとも》、和泉《いずみ》国の堺《さかい》、紀伊《きい》国の根来《ねごろ》、同・雑賀《さいか》などが知られていた。日本には天文12年(1543年)に伝来し、その後わずか10年で日本国内に10万挺を超える鉄砲が存在していたという。

近江の国友村とほぼ同時期に鉄砲生産に乗り出した雑賀衆。一方は、効率的な生産方式を編み出し、「戦国期の鉄砲工場」に徹したのに対し、もう一方は、自前で製造した鉄砲を活用し傭兵軍団として各地で名をはせた。一体、どうしてこのような差が生まれたのであろうか。雑賀衆における鉄砲生産の歴史と傭兵軍団の実像、豊臣秀吉《とよとみひでよし》に攻められ滅亡を迎えたいきさつなどを述べてみたい。

▼雑賀衆を構成する五つの地域とは？

雑賀衆というのは紀伊半島の西部、現在の和歌山市を拠点とし、五組――五つの地域の連合体であった。

まず、海側にあったのは雑賀荘《さいかのしょう》と十ケ郷《じっかごう》の二組で、砂地が多いため農耕には適さないが、海に面していたので漁業や海運が盛んだった。一方、内陸部には中郷《なかつごう》（中川郷）、宮郷《みやごう》（社家《しゃけ》郷）、南郷《なんごう》（三上郷）の三組があり、主に農業や林業で生計を立てていた。この三組は「三緘衆《みからみ》」とも呼ばれた。

したがって、一口に雑賀衆といっても、海と山で生活基盤が異なるばかりか、信仰の面でも海側は一向宗（浄土真宗）、山側の三緘衆は高野山を本山とする真言宗に帰依《きえ》する者が多くいて、両者の間に微妙な価値観のズレがあったという。

雑賀衆はこうした生活基盤や宗教が異なる者たちの集まりによって構成されていたのだが、ただひとつ、自立心の強さは組を問わず共通していた。この雑賀では古くから五組がそれぞれ代表者を出して、話し合いによって自治が行われていた。いわゆる共同体組織「惣《そう》」による合議的政治運営である。

こうした共同体組織は鎌倉時代から各地に存在したが、そのほとんどが戦国大名の登場によって解体させられていた。ところが、この雑賀だけはなぜか根強く残り、戦国時代には名目上、守護大名・畠山《はたけやま》氏の支配下にあったものの、実際には畠山氏に匹敵するほどの強大・強固な勢力を築き上げていたのであった。

▼雑賀には高度な鉄の鍛造技術が伝わっていた

そんな雑賀衆に鉄砲がいつ伝わったかというと、天文十二年（一五四三年）にポルトガル人によって種子島に鉄砲が持ち込まれてから、すぐのことだった。このとき種子島領主の種子島時堯《ときたか》はポルトガル人から鉄砲二挺を高額で購入したが、たまたまそのとき居合わせた紀州・根来《ねごろ》衆の僧侶、杉ノ坊算長《さんちょう》（津田監物《つだけんもつ》とも称す）

という者にそのうちの一挺を譲り渡している。

根来衆とは雑賀と紀ノ川を隔てて隣接し、新義真言宗・根来寺を中心とする一帯(現在の岩出市周辺)に居住した僧兵集団のことである。杉ノ坊算長によって紀州にもたらされた鉄砲は、それを手本として根来や堺で生産され、もちろん隣接する雑賀でも生産が始まった。

雑賀というところは、「雑賀鉢」と称するごく実戦的な鉄兜《かぶと》の産地としても昔から知られていたほどで、高度な鉄の鍛造《たんぞう》技術が伝わっていた。それゆえ、さほど苦労することもなく量産化に成功したようである。

こうして雑賀衆は短期間で数千挺もの鉄砲を生産した。雑賀衆が変わっているのは、ほかの鉄砲産地(国友や堺など)とは異なり、製造した鉄砲を戦国大名などに売るのではなく、自分たちが武装するために利用したことである。これは根来衆も同様だった。自立心が人一倍強いこの地方ならではの特異な事例と言えるだろう。

▼一も二もなく本願寺に加担する

雑賀衆は自分たちで製造したこの最新火器を使いこなすため、それこそ男子ならだれもが幼少期から射撃の腕を磨いたという。当然、そのためには黒色火薬の原料で日本国内では入手が困難な硝石《しょうせき》などが必要になるが、それらは雑賀衆の得意分野の一つである海上交易によって調達したものと考えられている。

こうして戦国最強の鉄砲軍団となった雑賀衆に対し、周辺の戦国大名たちから傭兵依頼が殺到、その求めに応じて雑賀衆は各地を転戦した。もともと雑賀では応仁の乱（一四六七～七七年）のあたりから傭兵活動を行っていたが、最新の武器を手に入れたことで一段とそれに本腰を入れたようである。

ところが、戦国最強の傭兵軍団となったことで雑賀衆は結果的に時代の荒波に翻弄《ほんろう》されていくことになる。きっかけは織田信長の登場である。信長は元亀《げんき》元年（一五七〇年）九月、自らの天下布武《ふぶ》の覇業を妨げる最大の障害と見た一向宗の総本山・石山本願寺（のちの大坂城）に対し、兵を挙げた。世に言う「石山合戦」の始まりである。

開戦の報に接し、一向宗門徒が多くいた雑賀衆は、一も二もなく本願寺に加担するため大坂へと駆け付けた。籠城《ろうじょう》軍に戦国最強の傭兵軍団が加わったことで、織田軍はすっかり攻めあぐねてしまう。

▼崩壊は内部分裂からはじまった

ところが、信長の巧みな政治工作によって本願寺と信長の間で和議が成立し、両者の争いは開戦から十一年目にして終結する。籠城した本願寺十一世・顕如光佐《けんにょこうさ》は石山を退去、雑賀衆も故郷へと戻ったが、やがて雑賀衆の中で内部抗争が勃発する。

もともと石山本願寺に味方することについては、雑賀衆五組のうち、真言宗を信仰する山側の三緘衆から反対の声が上がっていた。海側の雑賀荘と十ケ郷の二組はそうした反対意見を押しつぶして本願寺に味方したのだが、そのために雑賀衆として多大な犠牲を払わされることになった。

雑賀荘と十ケ郷の二組に対しその責任を問う声が三緘衆から澎湃《ほうはい》と起こり、やがて血で血を洗う抗争へと発展する。結果的に雑賀衆全体の頭目的立場にあった十ケ郷の鈴木孫一重秀《しげひで》（通称・雑賀孫市）は雑賀の地を追放されてしまう。

すべてを話し合いによって決める共同体組織は平時には強かったが、いったんコトが起こるとそれぞれが勝手な意見を言い出し収拾がつかなくなるという弱点を露呈してしまった格好であった。

こうしてすっかり弱体化した雑賀衆に対し決定的な鉄槌《てっつい》を下す人物が現れる。本能寺で斃《たお》れた信長の後継者となった豊臣秀吉である。

▼秀吉お得意の水攻めによって敗北

明智光秀《あけちみつひで》を滅ぼし、一躍天下取りレースのトップに立った秀吉は、最大のライバルであった徳川家康《とくがわいえやす》との決戦に突入する。それが天正十二年（一五八四年）三月に起こった「小牧・長久手の戦い」である。

この戦いでは雑賀衆と根来衆はそろって家康方に加勢したが、結果的にそれがアダとなる。合戦が終結すると秀吉は、かつて石山合戦で雑賀衆にさんざん煮え湯を飲まされたこともあって、大規模な紀州征伐《せいばつ》を敢行する。

翌天正十三年三月、怒涛《どとう》の如く紀州に侵攻した十万もの秀吉軍は、まず根来を鎧袖一触《がいしゅういっしょく》、あっさり陥落させるとその勢いのまま雑賀になだれ込んだ。雑賀衆は雑賀東部にあった太田城に立て籠って抗戦するが、籠城一カ月、秀吉十八番《おはこ》の水攻めによって開城。こうして戦国最強の傭兵軍団をうたわれた雑賀衆は滅び、その名前だけを歴史にとどめることになった。

◯「柳生新陰流」――〝江戸のCIA〟の秘められた組織力

▼将軍職を世襲するための荒療治

江戸幕府の草創期、豊臣《とよとみ》系の勢力を一掃するため実に多くの大名家が幕府によって取り潰《つぶ》しに遭っている。

『歴史読本　2014年1月号　特集・江戸大名失敗の研究』(KADOKAWA)に収録された「江戸時代　廃絶(除封)・減封　大名一覧」によると、改易《かいえき》(所領や家禄・屋敷を没収すること)処分を受けた大名は、初代将軍徳川家康《とくがわいえやす》(在位二年)の代で百十家と全将軍中、最も多い。これは「関ケ原の戦い」の戦後処理という意味合いが強いため、数が多くなるのは仕方がないところだろう。

さらに二代秀忠《ひでただ》（同十八年）の代で五十五家、三代家光《いえみつ》（同二十八年）の代で五十三家と、三将軍合わせて二百十八家にものぼる。この数字は江戸幕府二百六十年間を通じて改易に遭った全大名（二百九十一家）のうちの実に約七五パーセントを占めるものだった。

三将軍が改易に処した大名家は圧倒的に豊臣恩顧《おんこ》の外様《とざま》が多く、有名どころでは豊臣秀吉《ひでよし》の側近で武断派を代表する二人、つまり加藤清正《かとうきよまさ》の加藤家、福島正則《ふくしままさのり》の福島家がある。気になるその改易理由だが、いずれも幕府の言いがかりとしか思えない無茶な理由を盾《たて》に改易を命じられている。そこには、徳川家が未来永劫《えいごう》、将軍職を世襲するために、なにがなんでも心配の芽（外様大名）を今のうちに摘み取っておきたい、という幕府の強い意志が感じられる。

こうした幕府草創期の大名廃絶政策に暗躍した剣術の一流派があった。戦国時代末期に誕生し、江戸期を通じて隆盛を誇った「柳生新陰流《やぎゅうしんかげりゅう》」である。年配の方なら、隻眼《せきがん》の剣豪ヒーロー、柳生十兵衛でよくご存じのはず。

この柳生流剣術が大名廃絶政策にかかわっていたとは一体どういうことだろうか。本項では「柳生新陰流」の組織としての実態に迫った。

▼家康の面前で秘技・無刀取りを披露

柳生新陰流は、戦国時代末期、大和国《やまと》（奈良県）の小豪族で剣術の道場主でもあった柳生宗厳《むねよし》（石舟斎《せきしゅうさい》）が、当時天下第一の兵法者との呼び声も高かった上泉伊勢守信綱《かみいずみいせのかみのぶつな》から手ほどきを受けて編み出した剣術の一流派である。

そのままであれば柳生新陰流は田舎剣法の一つとして、歴史の片隅に埋もれていく運命にあった。ところが、やがて思わぬ転機が訪れる。その転機をもたらしたのはほかでもない、徳川家康であった。

朝鮮出兵のさなか、家康が京都に滞在していたときのことだった。自身も剣術に打ち込んでいた家康は石舟斎の評判を伝え聞き、さっそく石舟斎を引見して流派の秘技「無刀取り」を面前で披露させたのである。

家康はこのとき、石舟斎の水際立った手並みに驚嘆し、そしてそれ以上に石舟斎が説く、無闇《むやみ》に人を傷つけず人をいかす「活人剣《かつにんけん》」の思想に大いに興味を持った。心を動かされた家康がその場で石舟斎に入門を請《こ》うたところ、石舟斎は自分はすでに老齢だからと断り、かわりに息子の宗矩《むねのり》を推挙し認められている。

このとき柳生宗矩は二十四歳。徳川家に兵法指南として二百石で新規召し抱えが決まる。文禄三年（一五九四年）のことだった。こうして名もなき田舎剣法──柳生新陰流は晴れて世に出ることになったのである。

▼宗矩には剣術以外にも得意なことがあった

家康は自分に仕《つか》えることになった宗矩の才知をすぐに見抜いた。この男をただの兵法者にとどめておくのは惜しいと考えたらしく、天下分け目の「関ヶ原の戦い」の直前、宗矩に対しある密命を与えている。それは、柳生庄に立ち返り、大和の筒井氏やその周辺の有力豪族たちの間を回って、いざ合戦となった際は石田三成《いしだみつなり》ら西軍の後方を牽制《けんせい》するよう説得してほしいと家康から直接依頼されたのである。

難しい依頼だったが、宗矩はこれを見事にやり遂げた。このときの功績によって関ヶ原後、宗矩は父の代で失っていた柳生庄二千石を取り戻すことに成功している。

実は、柳生一族には古来、優れた情報収集能力や交渉術が備わっていた。柳生家の祖先は学問の神さま、菅原道真《すがわらのみちざね》だと言われており、一一世紀前半に一族の中から菅原永家《ながいえ》という者が現れ、関白藤原基経《ふじわらのもとつね》が現在の奈良市東部に所有していた山あいの荘園（小柳生と呼ばれた）の管理を基経から任され土着したことに柳生家の歴史は始まる。

以来、政治・経済の中心の京都に近かったため、小豪族となった柳生一族は常に戦乱の渦に巻き込まれてきた。それでも生き残ってこられたのは、その時々の時勢と周辺の豪族たちの顔色を的確に読み、離合集散の判断を誤らなかったからだ。こうした菅原永家以来培われてきた小豪族ゆえの情報収集能力や交渉術は子孫の宗矩の体の中にも脈々と受け継がれていたのである。

▼全国を網羅する諜報ネットワークを構築

関ヶ原後、二代将軍秀忠の兵法指南となった宗矩は三千石の大身旗本となる。このころから、柳生新陰流を当藩でも学びたいので、門弟の中から適任者を派遣してほしいという依頼が宗矩のもとに各藩から盛んに舞い込むようになる。

それはそうだろう。柳生新陰流が将軍家の御流儀《ごりゅうぎ》となったことで、各藩も忠誠心を示すためそれに倣《なら》おうと考えるのはごく自然なことだった。特に、将軍家のご機嫌を損ねたくない外様ほどそれが顕著だった。宗矩はそれらの要請に応え、門弟たちを次々に各藩へ送り込んだ。

こうして派遣された門弟たちは兵法指南という立場上、藩の機密事項に接する機会も多く、つかんだ情報をこっそり江戸の宗矩のもとに知らせた。そのため宗矩は江戸に居ながらにして全国の各藩の内部事情を細大漏らさず知り得ることができたのである。なんのことはない、宗矩は「柳生新陰流指南」を表看板にしながら、全国津々浦々を網羅する諜報《ちょうほう》ネットワークを構築していたのである。今日的な表現を借りれば、宗矩は「江戸のＣＩＡ（中央情報局）長官」だったということになる。

この諜報ネットワークは、宗矩が三代将軍家光の下で初代の幕府惣目付《そうめつけ》（のちの大目付）を務めていたころが、もっとも機能したものとみられている。惣目付とは全国の諸大名の行動を監視する役職で、いわば諸大名にとっての天敵だった。

▼改易理由となり得る藩の秘密を握る

もちろん、この柳生の諜報ネットワークについては、その存在が史料によって裏付けられているわけではない。しかし、柳生家が代々諜報活動に長《た》けていたこと、宗矩が門弟を各藩に派遣できる立場にあったこと、宗矩が初代幕府惣目付を務めたこと――など状況証拠から推《お》して、諜報ネットワークは実在したと考えるほうが自然である。

それになにより、宗矩がそば近くで仕えた二代秀忠と三代家光の二人の時代だけで百八家もの大名家が改易に遭っているのだ。たとえその標的は外様大名が中心だったとはいえ、幕府としてはほかの大名家や世間を納得させるだけの改易理由が必要だったはずである。

そうした改易理由となり得る幕府に知られたくない藩の秘密情報（たとえば藩主の乱行《らんぎょう》とか跡継ぎ問題とか重臣同士の派閥争いとか……）をいち早く全国から集める体制が整っていたからこそ、あれほど大量の取り潰しが可能だったのだ。そして、幕府の手先となってその情報収集にフル回転したのが、柳生の諜報ネットワークだったに違いない。

越後の竜・上杉謙信の躍進のウラに「揚北衆」の存在があった！

▼越後北部に割拠した土着の豪族

日本人が大好きな「忠臣蔵」だが、数々の名場面があることも、根強いファンが多い理由のひとつだろう。

吉良邸に討ち入ると妻子が罪に問われることになるため、大石内蔵助《おおいしくらのすけ》が本心を隠して妻子に離縁を告げる「山科《やましな》の別れ」、近衛家御用人・垣見《かきみ》五郎兵衛が自分になりすました男を内蔵助と見破ったが、一転してその立場に同情して黙って立ち去る「垣見五郎兵衛と大石内蔵助・相対の場」……。

米沢藩上杉家江戸家老が登場する「色部《いろべ》又四郎・諫言《かんげん》の場」を挙げる人も多いだ

ろう。吉良家から養子に入っていた米沢藩主上杉綱憲《つなのり》が、江戸藩邸にいて討ち入りの急報に接し、実父（上野介《こうずけのすけ》）の危難を救うため大身槍《おおみやり》を掻《か》い込んで駆け出そうとすると、そこへ家老の色部がやって来て主君の前に決然と立ちふさがり、「殿は上杉家十五万石を潰《つぶ》すお考えか。どうしても行くとおっしゃるなら私を斬ってからお行きなされ」と大喝する場面だ。ドラマによっては色部ではなく千坂兵部《ちさかひょうぶ》という人物でやることもあるが、いずれにしろ名場面に変わりはない。

本稿ではこの色部氏が登場する「揚北衆《あがきたかっきょ》」について述べてみたい。揚北衆は鎌倉時代から戦国時代にかけて越後北部に割拠《かっきょ》した土着の豪族だ。越後の竜・上杉謙信《けんしん》の躍進はこの揚北衆が支えていたと言われている。組織としての上杉家を知るためには、この揚北衆の存在が欠かせないのである。

▼四つの党の総称が揚北衆

全国で五番目に面積が広い新潟県は南北に長く、端から端まで直線距離で約二百五十四キロメートルもある。これは東京―浜松間に相当する距離だ。県全体が大きく四つの地域に分かれており、京都に近いほうから上越、中ほどの長岡市を中心と

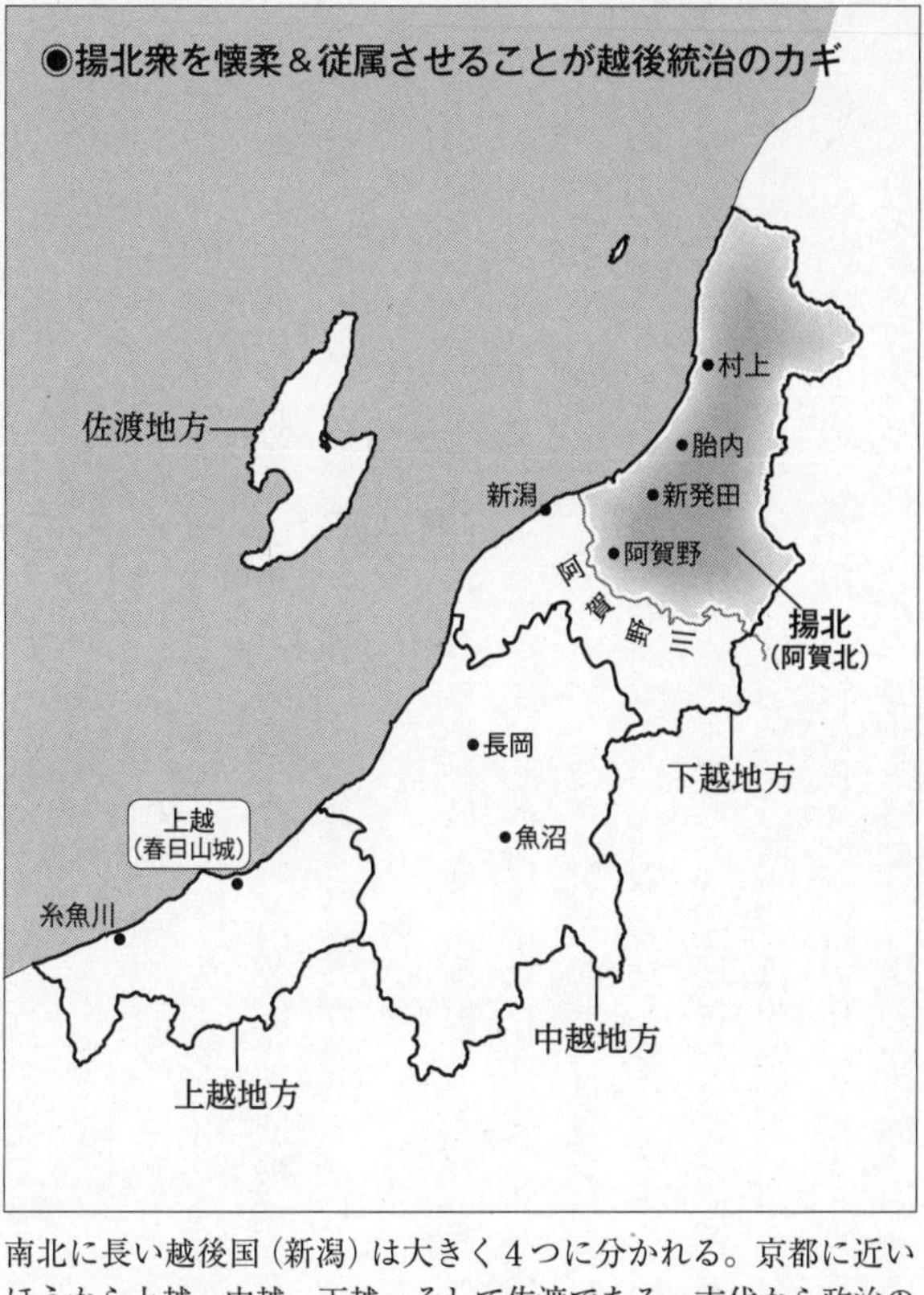

南北に長い越後国（新潟）は大きく４つに分かれる。京都に近いほうから上越、中越、下越、そして佐渡である。古代から政治の中心は上越にあった。守護や守護代にとって、遠く離れた阿賀野川北部の領民（揚北衆）をいかに懐柔＆従属させるかが大きな課題であった。

した中越、新潟市を含む山形県と隣接した下越、さらに佐渡の四つである。このうち上杉謙信の居城・春日山城は上越にあった。

古代から越後の政治の中心は上越にあり、国府（国の役所）も現在の上越市に置かれていた。したがって南北朝時代（一三三六～一三九二年）以降越後を支配するようになった守護の上杉氏や守護代（守護の代官）の長尾氏の威令はとりわけ下越にまでは届きにくく、下越をいかに懐柔・従属させるかが為政者側にとって大きな課題であった。

下越の中でも阿賀野川《あがのがわ》の北岸に当たる地域は揚北（阿賀北とも）と呼ばれ、北から小泉庄（現在の村上市一帯）、奥山庄（胎内市一帯）、加地《かじ》庄（新発田《しばた》市一帯）、白河庄（阿賀野市一帯）などに分かれていた。これら揚北には鎌倉時代、北条氏が勢力を伸ばし始めるとそれを嫌って関東の武士団が続々と移住してきていた。

主な一族を挙げると、例えば小泉庄に土着した武士団は秩父党と呼ばれ、本庄氏、大川氏、色部氏などがいた。ほかに奥山庄（三浦党）は中条氏、黒川氏など、加地庄（佐々木党）は加地氏、新発田氏、竹俣《たけまた》氏など、白河庄（大見党）は安田氏、水原氏、下条氏などで構成されていた。揚北衆はこれら四党の総称だったのである。

▼主筋の上杉房能に下剋上を仕掛ける

二つの朝廷が並立した南北朝時代を迎えると、揚北衆は上杉氏や長尾氏の支配を受けることになるが、彼らは独立心が強く、「こちらは鎌倉以来この地に根を張っているのだ。今さら新参者ごときに頭を下げる弱みはない」と、いたって強気だった。そのため上杉氏や長尾氏とたびたび対立した。

その対立が決定的となったのが、永正年間（一五〇四〜一五二一年）に越後一帯を戦乱に巻き込んだ「永正の乱」の勃発だった。ほぼ半世紀にわたって守護として越後国を治めてきた上杉房定《ふささだ》が亡くなり、子の房能《ふさよし》が後継者となった。房能は揚北衆を除く国衆に特にきつく当たったため、彼らの反発を招く。上杉氏の守護代であった長尾為景《ためかげ》も房能のやり方に反発し、しまいには房能を急襲して自害へと追い込む。その後、為景は守護派だった色部氏ら秩父党から反旗を翻されるが、三浦党の協力を得てどうにかこれを鎮圧することに成功している。

こうして為景は、下剋上によって越後一国の実権を握った。しかし、揚北衆の四党すべてを抱き込むことが適わず、そこに思いを残しながら天文十一年十二月（一五四三年一月）に亡くなった。為景の跡を継いだのが子の晴景《はるかげ》で、彼は父と違って比較的穏健な政策を行うことで揚北衆と融和を図ろうとした。ところが、越後上杉家最後の当主である上杉定実《さだざね》の養子縁組問題に端を発して「天文の乱」が起こると、越後はまたも乱れ、揚北衆も分裂して相争うようになった。

▼「身内」を増やしていった謙信

こうした混沌《こんとん》とした状況の中、颯爽《さっそう》と登場してきた若武者こそ誰あろう、晴景の弟景虎《かげとら》（上杉謙信）であった。天文十七年（一五四八年）、十九歳の謙信は病弱な兄晴景から長尾家の家督を譲り受け、同時に越後守護代となり、春日山城に入った。

政権の座に就いた謙信が真っ先に取り組んだのが、揚北衆の切り崩しを図りながら家臣として従属させることだった。まず、揚北衆の盟主的存在であった色部氏を抱き込み、奥山庄内で起きていた領地争いの調停を自分に成り代わって行うよう依頼する。当時、こうした調停が行えるのはその土地を支配する最高権力者に限られたため、それをあえて任せることで色部氏は自尊心をくすぐられ、同時に色部氏が守護代派に与《くみ》したことを周囲に知らしめる最高のアピールにもなったはずである。

謙信はその一方で、自らの一門と揚北衆との婚姻や養子縁組を活発化したり、当時の武士にとっては最高の名誉であった偏諱授与《へんき》（主君が自らの名前の一字を家来に与えること）を頻繁に行ったりするなど、なりふり構わず「身内」を増やしていく努力を続けた。それもこれも家臣を一つにまとめるための苦肉の策であった。

こうした謙信の地道な努力はやがて実を結ぶ。勇猛さをうたわれた揚北衆が指揮下に入ったことで謙信の家臣団はいつしか甲斐《かい》の武田軍団にも匹敵する強力なものとなった。合戦での揚北衆は常に最前線で戦ったという。

謙信が上杉憲政《のりまさ》から家督と関東管領《かんれい》職を相続し、晴れて「上杉謙信」を名乗るようになった年（永禄四年＝一五六一年）のことだが、全部で五回あった武田信玄《たけだしんげん》との「川中島の戦い」の中でも最大の激戦となった第四次の戦いが行われている。このときも揚北衆の活躍は目覚ましく、のちに色部勝長《かつなが》ら揚北衆の四人が謙信から「血染めの感状」を頂戴しているほどである。

最大の敵は最高の味方にもなりうる——と発想を転換し、揚北衆の切り崩し工作に努めた謙信。それが功を奏したからこそ、のちに謙信は越後をはじめとして上野《こうずけ》（群馬県）、越中（富山）、能登にまたがる広大な領土を持つことができたのである。

甲斐の虎・武田信玄の懐刀「金山衆」が持っていた特殊技能とは？

▼金鉱山に恵まれていた甲斐

戦国時代、甲斐の武田信玄《たけだしんげん》は、その最盛期には最も天下人の座に近い武将と言われていた。甲斐源氏の嫡流《ちゃくりゅう》という家柄のよさに加え、軍事面では戦国最強をうたわれた家臣団を擁し、経済の面でも領内に多数点在する金鉱山から潤沢《じゅんたく》に金が得られたことから、天下に号令する必要条件は十分満たしていたのである。

そんな武田家の経済力を陰から支えた存在が、これから紹介する山師《やまし》集団・金山《かなやま》衆であった。

武田信玄といえば、終生の好敵手《ライバル》であった越後の上杉謙信《うえすぎけんしん》との合戦（川中島の戦い）や若き日の徳川家康《とくがわいえやす》を文字通り一蹴した合戦（三方ケ原の戦い）など派手な合戦ばかりを思い浮かべてしまうが、そうした合戦が行えたのも経済力あればこそであった。そして、その経済力を金山開発によって支えたのが金山衆なのだ。

本稿では、金山開発という特殊技能を持った金山衆の実態と、彼らが金山開発以外でも信玄から重宝がられていたある事柄についても述べてみることにしよう。

▼黒川千軒と称されるほどの繁栄築く

あの人は山師だから、と聞いてその人に対し誰しも好印象を持たないだろう。しかし、山師の本来の意味は、山に入って鉱山の発掘や鉱脈の発見をなりわいとする人たちのことだった。ところが、その仕事は勘に頼って万が一の幸運や成功を狙う要素（つまり、ひと山当てて大金を得ようという投機的な要素）が強かったため、いつしかマイナスイメージのほうが勝るようになったのである。

その昔、金や銀などが取れる鉱山には、きっと山師がいた。甲斐の金山衆もそんな山師集団の一つだった。中世、甲斐には二十カ所を超える金山が発見されており、江戸時代初期には甲斐全体の金産出量は年間百貫（約三百七十五キログラム）前後もあった。これは佐渡金山の産出量に匹敵するものだった。

甲斐の中では現在の甲州市塩山上萩原（山梨県東北部）の大菩薩峠の山中にあった黒川金山（元禄年間に閉山）が有名だ。周辺には金山衆の住まいが立ち並び、「黒川千軒」と称されるほどの繁栄を誇っていた。遊女屋まであったそうである。彼らは普段、坑道（地下トンネル）掘りによる鉱石の採掘と、灰吹き法による金精錬を行っており、いずれも特殊な技能を必要とした職能集団でもあった。

▼ある程度の自治権を認める

面白いのは金山衆と、領主である信玄との関係だ。どうやら金山衆は信玄の完全な支配下に組み込まれていたわけではなかったらしい。そもそも金の採掘権は金山衆側にあり、それを認めるかわりに、そこから得られた金のうち決まった割合（四割という説も）を信玄側が税として徴収するという方式だったとみられている。

先述したように金山衆は特殊な職能集団であったため、彼らにへそを曲げられては金の産出量が減り、税収も見込めなくなる。そこで信玄は一歩譲って彼らにある程度の自治権を認めたのであろう。

しかし、そうは言っても金山衆が得意とする掘削《くっさく》技術や土木技術は信玄にとって大いに魅力だった。そこで金採掘と直接関係がなくても領内で大きな普請《ふしん》があるたびに彼らを呼び集め、工事にあたらせたという。

例えば、山国の甲斐は絶えず洪水に悩まされていたが、金山衆の力を借りて元凶であった釜無川《かまなしがわ》などの治水工事に取り組み、二十年がかりで堤防工事（のちに「信玄堤」と呼ばれる）を完成させている。この工事は、「水をもって水の勢いを削《そ》ぐ」という画期的なものだった。さらに、武田軍団の機動力を支えていた、信玄棒道《ぼうみち》と呼ばれた軍用道路の建設にもこの金山衆がかかわっていたとみられている。

▼信玄の得意戦法の一つ

しかし、金採掘以外で信玄が金山衆を最も頼りにしていたのは、実は「城攻め」だった。彼らの坑道を掘る技術を活用し、城内に人知れず突撃部隊を送り込んだり、郭《くるわ》の下まで掘り進んで建物を倒壊させたりした。こうした作戦は通称「もぐら攻め」と呼ばれ、信玄の得意戦法の一つだった。

信玄が最初にもぐら攻めを用いたのは、永禄六年（一五六三年）に上杉謙信方の武蔵松山城（埼玉県吉見町）を攻略したときだった。このとき信玄は、吉見百穴《よしみひゃっけつ》と呼ばれる古墳時代の横穴墓群が近くにあることを知り、もぐら攻めを思いついたと言われている。

さらに、元亀二年（一五七一年）に北条方に属していた駿河深沢城（静岡県御殿場市）を攻めたときや同四年に「三方ヶ原の戦い」の一環で三河野田城（愛知県新城市）を攻めたときも金山衆のもぐら攻めが採用されている。野田城攻略においては、本丸の井戸めがけて坑道を掘り、井戸の水を抜き取ったことで相手は籠城を続けられなくなり、信玄に降伏を申し出ている。

◇

このように信玄時代の金山衆は領内で自由に金を採掘させてもらう対価として、その高度な掘削技術や土木技術を軍事面や治水工事などに生かしていたのだった。まさに、信玄と金山衆は持ちつ持たれつの間柄だったのだ。

その後の金山衆だが、甲斐で金が取れなくなると佐渡（金鉱山）や伊豆（同）、石見《いわみ》（銀鉱山）などに移り住んでその採掘技術を伝える者もいたが、大半は甲斐に残って農林業に従事したという。

謀神・毛利元就を支えた忍者集団「世鬼一族」の〝影〟の役割

▼忍者を毛嫌いしたあの信長にも配下に忍者が

戦国大名といえば、のべつ合戦に出ていたイメージだが、戦《いくさ》に強い大名ほどそれ以外のほとんどの時間を「諜報《ちょうほう》活動」に割《さ》いていたと言われている。そんな権力者の耳目《じもく》となって諜報活動に暗躍したのが、ご存じ忍者集団である。およそ後世に名を残した戦国大名で、忍者集団を配下に置いていない大名はまずいなかった。

たとえば、後北条《ごほうじょう》氏の風魔《ふうま》、上杉謙信《うえすぎけんしん》の軒猿《のきざる》、武田信玄《たけだしんげん》の透波《すっぱ》、真田幸村《さなだゆきむら》の真田忍群、伊達政宗《だてまさむね》の黒脛巾組《くろはばきぐみ》、徳川家康《とくがわいえやす》の伊賀者《いがもの》……など。殊更《ことさら》忍者を毛嫌いしていたあの織田信長《おだのぶなが》でさえも、饗談《きょうだん》という変わった名前の忍者集団をそば近くに置いていたという。この饗談、実態はよくわかっていないものの、史上有名な「桶狭間《おけはざま》の戦い」では、敵本陣に突撃する直前に今川義元《いまがわよしもと》の居所を突き止めるなどの活躍があったと言われている。本稿では、そんな忍者集団の中から、毛利元就《もうりもとなり》に仕《つか》えた「世鬼《せき》一族」を取り上げてみたい。

▼「厳島の戦い」などで暗躍

数多《あまた》いる戦国武将の中で、「謀略」という言葉が最も似合うのが、毛利元就であろう。地方の小豪族から謀略を駆使して西国の覇王の座にまで上り詰めた、「謀神《ぼうしん》」の異名を持つ武将だ。なにしろ子どもたちに、「能や芸や慰《なぐさ》めなどは無用。ただ武略、計略、調略こそが肝要である。謀《はかりごと》多きは勝ち、少なきは負ける。心せよ」と遺言したほどである。

そんな元就が、頼りにしていた忍者集団こそが世鬼（木）一族だ。元就に仕えたのは世鬼政時《まさとき》の代で、世鬼氏はもともと駿河国《するがのくに》（静岡県）の今川氏の末裔《まつえい》とされている。変わった名前だが、現在の広島県安芸高田市美土里町のあたりに当時、世鬼という集落があり、そこに屋敷を構えたことにちなむという。政時は常に二十人以上の配下を抱えていて、扶持《ふち》は三百石だった。

元就という武将は中国地方を征服するまでに「厳島《いつくしま》の戦い」に代表される数々の合戦を経験しているが、そのいずれにも世鬼一族の暗躍がささやかれている。その事例を一つ紹介してみよう。

これは同じ元就の配下で、諜報《ちょうほう》活動を専門とした盲僧《もうそう》の座頭衆がいて、この座頭衆と世鬼一族がタッグを組んでやり遂げた作戦だった。座頭はこの時代、弦楽器の琵琶を一面担《かつ》いで全国どこでも演奏して回ることが許されていた。裕福な武家や商家に招かれることも多く、誰からも怪しまれず、土地土地の情報を集めるにはこれ以上ない間諜《スパイ》だったのである。

▼尼子氏の勢力を削ぐため謀略戦を仕掛ける

西に周防《すおう》の大内《おおうち》氏、東に出雲《いずも》の尼子《あまこ》氏という左右から大国に挟まれ、両雄の間で面従腹背《めんじゅうふくはい》を繰り返して生き残りを図ってきた安芸《あき》の毛利元就。尼子氏に謀略戦を仕掛けた際、世鬼一族と座頭衆をフル活用したことが知られている。

尼子氏の武力を象徴する存在に、新宮党《しんぐうとう》と呼ばれる戦闘集団があった。下剋上によって一代で山陰の覇者となった尼子経久《つねひさ》。その経久の次男・国久《くにひさ》が鍛え上げた三千騎からなる精鋭部隊で、経久の快進撃はこの新宮党がもたらしたものと言っても差し支えなかった。

ところが、経久の嫡孫・晴久《はるひさ》の代になると、家中で国久・誠久《まさひさ》父子《おやこ》の傲岸不遜《ごうがんふそん》な態度が目につくようになり、晴久と新宮党との関係は冷え込んでいた。

元就はこれを好機ととらえた。尼子氏の勢力を削《そ》ぐには百計をめぐらすよりも、晴久と新宮党の関係をよりこじらせる一手に如《し》かずと判断し、座頭衆の中の角都《かくず》という者を呼び寄せ、ある秘策を授けた。

その秘策とは、まず角都が遊行《ゆぎょう》中の琵琶法師の態《てい》で尼子領内に入って晴久に近づき、信頼を得たのち、国久・誠久父子に裏切りの兆候があることをそれとなくにおわせるというものだった。この作戦は見事に当たった。のちに角都の言葉を裏付ける確たる証拠が出てきてしまい、さすがの晴久も信じてしまったのだ。

▼世鬼一族と座頭衆のタッグプレー

その証拠とは、毛利元就から尼子国久に宛てた、晴久の暗殺を勧める密書だった。

某日、尼子領内で巡礼の惨殺死体が見つかり、密書はその巡礼が携えていたものだった。ここに至り、激怒した晴久によって国久・誠久父子をはじめとする新宮党幹部は粛清《しゅくせい》され、新宮党は壊滅した。天文二十三年（一五五四年）十一月のことである。これを境に西国の雄・尼子氏は急速に没落の坂道を転がり落ちることになったのは言うまでもない。

この国久宛ての偽の密書を用意したのは、実は世鬼一族のしわざだった。国元の罪人を牢から引き出して巡礼姿に変装させ、尼子領内まで連れて行き、そこで偽の密書を罪人の懐に押し込んだ上で、斬殺したのであった。まさに、世鬼一族と座頭衆の息の合ったタッグプレーと言えよう。

このほかにも世鬼一族と座頭衆は、元就が行ったほとんどの合戦で、敵方に潜入して情報をつかんできたり、偽情報を流布させたりしたという。こうした両者の存在や活躍については、江戸中期の享保二年（一七一七年）に出版された軍記物語『陰徳太平記』がベースになっていて、どこまでが真実か判然としないが、人一倍謀略を好んだ元就だけに、あながち荒唐無稽と言い切れないものがある。

◯『暴れん坊将軍』『るろうに剣心』に描かれた「御庭番」の諜報活動の実態は？

▼将軍吉宗はなぜ御庭番を創設したのだろうか

江戸幕府八代将軍・徳川吉宗《とくがわよしむね》が創設した「御庭番《おにわばん》」。将軍直属の役職で、普段は江戸城本丸の庭に設けられた番所に詰め、御殿の警備を担当していたが、ときには将軍からじかに命令を受けて諜報《ちょうほう》活動のために江戸市中や諸国を探索して回った隠密組織である。

この御庭番の存在は、年配の方にはテレビ時代劇『暴れん坊将軍』シリーズで、若い方には人気漫画『るろうに剣心』でおなじみのことだろう。

こうしたドラマや小説、漫画作品などで御庭番のことを何となく知っているつもりになっている方も多いだろうが、それは真の御庭番のごく一部分と言ってよい。

そこで本稿では、御庭番の実態をできるだけ詳しく解説してみようと思う。たとえば、どんな人たちが所属していたのか。将軍から受ける命令の内容とはどんなものだったのか。実際の諜報活動はどんな風に行われていたのか……などなど。

なかでも、最大の疑問と思えるのが、御庭番を創設した吉宗の真意である。幕府中興の祖とも称される吉宗は、なぜ身近にこのような隠密組織を必要としたのだろうか。そのあたりの謎もあわせて解いていくことにしよう。

▼幕臣となり牙を抜かれていった忍者たち

戦国時代、ほとんどの大名は諜報活動のために忍者を雇っていた。当然、徳川《とくがわ》家康《いえやす》もその一人で、家康の場合は天下を平定した後、忍者の利用価値が高いことを知り抜いていたところから、伊賀者や甲賀者の一部を幕臣として正式に召し抱えるほどだった。つまり臨時社員から正社員への格上げがなされたのである。

こうして幕府に雇用された忍者は、表向きは江戸城の警備の仕事につきながら、ときには幕府からの命令に従い、豊臣恩顧の外様《とざま》大名の動静を探るために全国を飛び回って情報集めに奔走《ほんそう》した。

ところが幕府の外様廃絶政策も一段落し、世の中が落ち着いてくると忍者たちの本来の役目——諜報の仕事もほぼなくなり、忍者たちは次第に牙を失って日々の警備の仕事を淡々とこなすだけの小吏《しょうり》と化してしまった。

そんなところに紀州(和歌山県)徳川家から吉宗が、第八代将軍として颯爽《さっそう》と江戸城にやって来たのである。吉宗は、忍者たちがかつての自分たちの華々しい活躍を過去のものにしていることを嘆き、平時・戦時にかかわらず、為政者《いせいしゃ》にとって諜報機関は絶対に必要であると考えた。そして、その考えに基づき、まったく新しい諜報機関として御庭番を創設したのであった。

御庭番を構成したのは、吉宗が自ら紀州から引き連れてきた、紀州では「薬《くすり》込役《ごめやく》」と呼ばれる侍たちだった。それは一体どんな役目だったのだろうか。

▼将軍からの命令は障子越しに受ける

紀州徳川家の薬込役は、表向きは吉宗が使う鉄砲に火薬や弾丸《たま》をこめる役目を担っていたが、ときには吉宗から密命を授かり、国の内外で諜報活動を行う任務を帯びていた。伊賀や甲賀の出身者だったようで、吉宗の時代、この役目に従事する家が八十家を超えていた。吉宗はこのうち十七家（その後増え、幕末期には二十二家に）を江戸に連れて行き、御庭番として幕臣団に編入させたのだった。

御庭番は、幕府の職制では大奥に属する広敷《ひろしき》役人の一つで、若年寄の支配だった。当初の身分は下級の御家人だったが、職務に忠実で有能な人材が多かったせいか、大半の家が幕末までに下級の旗本にまで昇進していた。なかには幕末までの間に、勘定奉行にまで大出世した御庭番出身者が三人もいた。それだけ働く楽しみもあった、当時には珍しい職務だったのである。

普段の隠密御用がないときは、本丸天守台下など数カ所にあった番所に一日中交替で詰め、御殿の門庭の警備活動に当たった。さらに、もしも江戸城が類焼に遭い、将軍が城を脱出する非常事態に迫られた場合、その避難誘導を行う役目も任されていた。それだけ名誉な職務でもあったのだ。

探索活動の命令は、通常は将軍の側近から出ることが多かったが、将軍自身からじかに命令されることもあった。その場合、将軍の休息所で障子越しに伝えられたという。探索活動の内容だが、主に江戸市中で幕府の諸役人の不正を内偵する「地廻り御用」と、江戸を出て大名家の動静を探る「遠国御用《おんごくごよう》」とに分かれていた。

▼「呉服屋で変装してから旅に出る」は間違い

遠国御用の場合、探索の状況を監視する役目の者も随行したため、大抵は二、三人で行動した。江戸を出る前に「親兄弟といえども職務上知り得た秘密は絶対に洩らさない」という血判付きの起請文《きしょうもん》を差し出すことが義務付けられていたという。一度出ると数カ月も江戸に戻らないことが多く、その間、公式には「病欠」扱いとなった。

御庭番は遠国御用の命令を受けると、自宅にも戻らず、その足で幕府御用達の呉服店に出向き、虚無僧《こむそう》などに変装してから旅に出た、という「江戸の都市伝説」がまことしやかに語られているが、実際にはそんなことはなかったらしい。また、探索に出る際は幕府から相応の活動資金が渡された。もしも途中で足りなくなった場合、近くにある幕府の代官所などに駆け込めばすぐに補充できたという。

こうして必要な探索を終えて江戸に戻ると、探索結果を報告書（「風聞書」と呼ばれた）にまとめ、上司の校閲を受けたのち、御用取次あてに提出された。その後、将軍が報告書に目を通し、その情報を幕政に反映させるという流れだった。

こうした御庭番の探索結果は信頼性が高く、またどんな高禄の相手でも容赦がなかった。たとえば、某日、五千五百石ももらっている、さる大身旗本が、知人や家来相手に反物《たんもの》購入の際の仲介を自らなし、密《ひそ》かにその手数料を取っているという、何ともみみっちいことをする殿さまを告発する訴えがあった。御庭番が探索に乗り出すと、その訴えが本当だとわかり、大身旗本は即刻失脚させられたそうである。

▼幕政を自分でみるためのアピールとして

さて最後は、吉宗が直属の諜報組織として御庭番を創設した狙いについて考えてみたい。結論から言わせてもらえれば、吉宗自身「自分はよそ者だ」と強く実感していたことに起因するに違いない。

吉宗という将軍は、先代の家継《いえつぐ》が早世したことで徳川の嫡流《ちゃくりゅう》が途絶えてしまい、初めてよそ（御三家）から迎えられた将軍だった。吉宗にすれば、江戸城にいる重臣連中から大奥の女たちに至るまで、すべてが敵に見えたかもしれない。従って新しい環境では自分の息がかかった者を一人でも多く身近に置いておきたいと考えたとしても何ら不思議はない。

それゆえ、江戸城に入る際、薬込役を含め二百人以上もの紀州時代の家来を引き連れてきて、幕臣の列に加えたのである。

しかも、元から江戸城にいる重臣連中の大半は「幕政をよそ者に委《ゆだ》ねたくない」と腹の中で思っていたはずだ。そうした重臣連中の自分勝手な思惑を最初から木っ端微塵《みじん》に砕き、「幕政はおれ自身でみる」ということを周囲に強烈にアピールするために、この御庭番を創設したのだ。

のちに吉宗が幕政に「享保《きょうほう》の改革」という大鉈《おおなた》をふるうことができたのも、彼ら——御庭番の存在があったればこそだった。

第2章

歴史的事件の主役となった「影の組織」

○慶安の変で「由井正雪一派」が画策した幕府転覆計画の全貌とは？

▼江戸で軍学塾を開き、門弟三千人を擁する

「駿河湾の宝石」とも称されるサクラエビ漁の漁業基地として有名な静岡県由比《ゆい》町。江戸時代は東海道の宿場町として栄え、隣の興津《おきつ》宿との間の薩埵《さった》峠は「親知らず子知らず伝説」でも知られる東海道の難所の一つであった。

江戸時代前期、そんな由比から、徳川の天下を覆《くつがえ》そうと考えた、何とも大胆不敵な男が登場している。そう、由井《ゆい》（比）正雪《しょうせつ》である。若くして故郷由比を離れた正雪は、江戸で軍学塾を開き、最盛期には門弟三千人を抱えるほどの江戸でも屈指の軍学者に成り上がった男だった。

そんな正雪がなぜ幕府の転覆という過激な考えに至ったのであろうか。本稿では正雪とその門弟がつくりあげた組織の実態と、この「慶安の変（由井正雪の乱とも）」において彼らが実行しようとしていた幕府転覆計画の全貌《ぜんぼう》に迫った。

▼江戸の親類の菓子屋へ婿養子に入る

最初に、由井正雪の略歴を述べたいと思うのだが、これがなかなか難しい。なぜなら、慶安の変という謀叛《むほん》事件そのものについてはある程度信頼に足る史料が残っているのだが、正雪の個人的なことに関する史料となるとほとんど現存していないからだ。これは幕府が事件後、正雪が救国の英雄のように庶民から見られることを嫌い、残らず集めて焼却したからだと考えられている。したがって、これから述べる略歴は、いわゆる巷説《こうせつ》をもとにしていることを最初にお断りしておく。

正雪は、慶長十年（一六〇五年）、駿河《するが》国由比で生まれた。本名は未詳。父の岡村弥右衛門は農業と紺屋（染物屋）を兼業していた。幼少期、家業を嫌った正雪は一時期寺に預けられていたこともあったらしい。寺から戻ると、近所に住んでいた浪人と知り合ったことが縁で、『太平記』など軍記物を読む楽しさに目覚める。

十八歳のとき、江戸に住む親類の菓子屋・鶴屋弥次右衛門方へ奉公に出る。その四年後、弥次右衛門が亡くなると、親類の後押しもあって正雪は鶴屋の婿に入り、店を継ぐことになった。

楠木不伝《くすのきふでん》という楠木流の軍学者の塾に通うようになったのはそれから間もなくのことらしい。不伝は、南北朝時代の武将で、兵法の天才と称された楠木正成《まさしげ》の子孫を名乗っていた。その不伝の門弟となっていよいよ軍学にのめり込む正雪。同学の士との付き合いも多くなり、鶴屋のほうはさっぱり顧《かえり》みなくなった。

▼大名からも出張講義を依頼される

こうなると、鶴屋から離縁を申し渡されるのは時間の問題だった。店を放り出された正雪が、身の振り方を師匠の不伝に相談すると、不伝から気に入られていたこともあり、なんと不伝の娘と再婚し、不伝が所蔵していた軍学書も残らず譲り受けることになった。このころから「由井正雪」を名乗り始めたという。

その後、正雪は、自らが師匠となって指導にあたる軍学塾「張孔堂《ちょうこうどう》」を神田連《れん》雀町《じゃくちょう》に開く。張孔堂とは前漢時代の劉邦《りゅうほう》に仕《つか》えた軍師・張良子房《ちょうりょうしぼう》と、三国時代の劉備《りゅうび》に仕えた軍師・諸葛亮孔明《しょかつりょうこうめい》から一字ずつ取ったものだった。自分は中国を代表する名軍師二人を合わせたくらいの才覚の持ち主であると世間にアピールしたかったのだろう。

塾はすぐに大繁盛し、最盛期には三千人の門弟を擁したという。話半分としても、その活況ぶりがうかがえる。大半は箔《はく》を付けて再仕官にありつこうとする浪人だったが、なかには諸大名とその家臣、旗本らも名を連ねていた。紀州藩主の徳川頼宣《とくがわよりのぶ》や備前藩主の池田光政《いけだみつまさ》から慇懃《いんぎん》なる招きを受け、藩邸で講義することもあった。

特に池田光政は正雪を気に入り、五千石という破格の好条件で召し抱えようとしたが、正雪は「それでは不足」と断ったという逸話がある。この話の真偽は不明だが、自分を大きく見せる演出法にも相当長《た》けた人物であったことは間違いなかろう。

▼廃絶政策によって政情不安が募る

正雪が幕府転覆計画を思いついたのはいつごろかわからないが、日々、大勢の浪人たちと接するうちに、彼らの身の上に同情を覚え、幕政に対する不満を募らせていったことは想像に難くない。

さらに、諸大名や旗本たちから「師匠、師匠」と祭り上げられたことで己を過信してしまい、「無能な幕閣《ばっかく》よりも、政治のかじ取りはおれのほうがうまくやれるはず」と勝手に思い込んでしまったのではないだろうか。

いずれにしろ、正雪に謀叛を起こさせるきっかけとなったのは、主に外様大名に的を絞った幕府の廃絶政策にあったことは間違いない。ある史家の推計では、慶長五年（一六〇〇年）の「関ヶ原の戦い」から、三代将軍・徳川家光《いえみつ》の最晩年期までの五十年間に、最低でも二十四万人、最大で約四十万人が禄を失っているという。

このうち何割が再仕官ができたかは不明だが、膨大な数の人々が失業したことに変わりはない。しかも、それぞれが家族や奉公人を抱えていたわけで、そうした人たちも含めると、この五十年間で数十万、あるいは百万を超える人々が突如として路頭に迷うことになってしまったのである。この当時、こうした幕政への不満を抱えた人々によって、いつどこで何らかの暴発が起こっても不思議ではなかったのだ。

▼天皇と将軍の両方を監視下に置く

慶安四年（一六五一年）四月二十日、三代将軍家光が亡くなり、まだ十一歳の家《いえ》綱《つな》が四代将軍となった。これを好機ととらえた正雪は、さっそく行動に出た。丸橋《まるばし》忠弥《ちゅうや》、金井半兵衛《かないはんべえ》、熊谷直義《くまがいなおよし》ら幹部連中を集め、転覆計画があることを告げると、またたく間に五千人もの賛同者が集まった。正雪は、同志を集めるのに、徳川頼宣の印判が捺《お》された偽《にせ》の書付《かきつけ》を見せ、自分には徳川御三家の紀伊大納言が後ろ盾になっていると言って信じ込ませたという。

正雪が考えた転覆計画とは次のようなものだった。

まず丸橋忠弥が江戸城の焔硝《えんしょう》蔵（火薬庫）に侵入し、城を焼き払う。同時に江戸の各所に火を放ち、市中を混乱に陥《おとしい》れる。江戸城が襲撃されたことを知って駆け付けた幕閣や旗本らを鉄砲で撃退し、その隙《すき》に将軍家綱を城から連れ出す。家康が眠る駿河《するが》の久能山にまで家綱を連れて行き、そこを本拠地として幕府軍を迎え撃つ。さらに京都に向かった一隊が天皇を誘拐し、天皇と将軍の両方を監視下に置くことで政治の実権を一気に握ってしまおうという、実に大胆不敵な計画だった。

ところが、直前に幕府の知るところとなり、正雪らの計画は未遂に終わってしまう。仲間に加わっていた奥村某という者の密告がすべての始まりだった。

▼江戸城の火薬庫の番人までが反乱軍に加わる

まず、正雪にとっては片腕とも恃《たの》む丸橋忠弥が、居宅にいたところを妻子と共に捕縛された。同年七月二十三日のことだ。丸橋という人は宝蔵院流槍術《そうじゅつ》の達人で、正雪は日ごろ、冷静沈着な彼を頼りにし、今回の計画では江戸城に侵入して将軍を拉致《らち》するという最も重要な役割を任せていた。のちに丸橋は厳しい取り調べを受けた後、八月十日、妻子や三十数人の同志と共に品川の鈴ケ森で磔刑《たっけい》に処されている。

また、正雪の門弟のなかでは丸橋忠弥に次ぐ地位にあった金井半兵衛は大坂担当で、市中に火を放ち、混乱に乗じて大坂城を占拠する役割だった。ところが、実行に移る前に計画が幕府に知られたため、いったん地下に潜ったものの、八月十三日になり、もはや逃れられないと観念し、自害して果てた。

興味深いのは、このたびの反乱軍に江戸城の焔硝蔵で働く役人が加わっていたことだ。正雪はこの焔硝蔵から奪った火薬を幕府軍との戦いで活用しようと考えていた。寡勢《かぜい》の反乱軍にとっては何より優先される武器だった。極論を言えば、この役人が仲間に加わっていなければ、正雪はこのたびの転覆計画を思いつくことはなかったとまで言われている。

それにしても、幕府の役人の中にまで正雪の仲間に加わる者がいたことは、当時、幕政に対し不満を持つ者がいかに多かったかの証《あかし》でもあろう。

▼正雪の遺言書に書かれてあった内容とは

一方、首魁《しゅかい》の正雪のその後だが、彼は丸橋忠弥が捕縛される前日の七月二十二日に江戸を出発しており、三日後の二十五日に駿府《すんぷ》に到着したときはまだ幕府に計画が漏れていることは知らなかった。翌二十六日早朝、宿泊していた茶屋町の梅屋太郎右衛門方を駿府町奉行所の捕り方にぐるりと包囲され、そこで正雪は初めて計画が露見したことに気付いたのであった。

正雪は最初、「自分は紀伊大納言殿の身内の者である」と主張し、その場を切り抜けようとした。ところが捕り方から「問答無用」と冷たく言い返されたため、ここに至り、さすがの正雪も観念し、部屋に籠って自害したのだった。享年四十七。

正雪は亡くなる直前に遺言書をしたためていた。そこには、「自分は将軍に取って代わろうなどと大それた野心は持っていなかった。あくまでも今の政治の元凶になっている幕閣を排除することが目的だった」と述べたあと、「紀伊大納言殿のお名前を利用したことは申し訳なかった。大納言殿は今回の計画に一切かかわっていない」といった意味のことも記されてあったという。

こうして、由井正雪とその門弟による幕府転覆計画は未遂に終わったが、この事件から一年後の慶安五年九月、越前国大野藩出身の浪人で、正雪同様、江戸で軍学を講じていた別木《べっき》（戸次とも書く）庄左衛門《しょうざえもん》という者が同志数人と共に幕府老中を襲撃しようとした事件（「承応《じょうおう》の変」と称す）を起こしている。

◇

どちらの事件も未遂に終わったとはいえ、幕府の屋台骨を揺るがす大事件が、幕政に不満を持つ浪人たちによって立て続けに引き起こされたことで、幕府は諸大名の廃絶政策を見直し、浪人対策にも本腰を入れざるを得なくなった。

早い話が、それまでの武断政治から脱却して、法律や学問によって世を治める文治政治への移行であった。こうした幕府側の方針転換によってその後、浪人が激減して世の中の安定を招くことになるのだから、正雪の無謀とも思える幕府転覆計画はけっして無駄ではなかったのである。

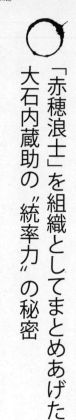

◯「赤穂浪士」を組織としてまとめあげた大石内蔵助の〝統率力〟の秘密

▼城の明け渡しから一年九カ月後に決行

元禄十四年（一七〇一年）三月十九日未明、播磨《はりま》国赤穂《あこう》藩の筆頭家老、大石内蔵助《おおいしくらのすけ》の屋敷に江戸からの二丁の早駕籠《はやかご》が駆け込んだ。駕籠に乗っていたのは赤穂藩士で当時江戸に在府していた早水藤左衛門《はやみとうざえもん》と萱野三平《かやのさんぺい》の二人。さる十四日、江戸城中で主君浅野内匠頭《あさのたくみのかみ》が高家筆頭・吉良上野介《きらこうずけのすけ》に刃傷《にんじょう》に及んだという報《しら》せだった。この瞬間を境に、赤穂藩と内蔵助の運命は大きく変転した。

内蔵助はその後、城地《じょうち》没収に備えての藩札引き換え、城の明け渡し、藩士たちへの割賦金《かっぷきん》（退職金）の支給、御家再興の嘆願活動……と目まぐるしい日々を過ごすことになる。そして、ついに御家再興が適わないことがわかると、旧藩士四十六人を引き連れ、上野介を襲撃するという挙に出る。こうして亡君の無念を晴らした内蔵助らは幕府に自訴して出て、全員切腹し、この復讐劇の幕を自らの手で下ろしたのだった。

赤穂城の明け渡しから数えて吉良邸討ち入りまでの一年九カ月というもの、内蔵助と討ち入りに加わった赤穂浪士たちはどのような思いで過ごしたのだろうか。特に、集団の頭領であった内蔵助の場合、仇討《あだう》ちの思いを胸に秘めつつ、ときには暴発しそうになる強硬派をなだめたり、ときには生活に困窮した同志を陰で扶助したり……それはそれは並大抵の気苦労ではなかったはずだ。

本稿では内蔵助だからこそなしえた統率力——人心掌握術の秘密を、一つ一つ事例を挙げながら紐《ひも》解いていくことにしよう。

▼いの一番に藩の財務状況を調べる

二十一の若さで赤穂藩筆頭家老の座に就いた大石内蔵助は、「昼行燈《ひるあんどん》」と陰口をたたかれるくらい、普段は誰の目にもうすぼんやりとしてどこかやる気のない態度に見えたという。

もしもこの「赤穂事件」に遭遇しなければ歴史に名を残すこともなく平凡な人生を全《まっと》うしたはずである。そんな昼行燈の汚名を返上する一大事が出来《しゅったい》したのは、内蔵助が四十三歳のときだった。

江戸表からの早駕籠で刃傷事件を知った内蔵助は、即座に周囲の人々を驚かせる行動に出る。第一報では主君が刃傷事件を起こしたという報告だけで、その後主君や上野介がどうなったかなど詳しいことがさっぱり判明していないにもかかわらず、在藩二百数十人に総登城を命じる一方、藩の財務状況を調べさせたのである。

これは万一、城地没収となった場合、藩札の引き換えに応じて領民の不安を取り除くと同時に藩士へ退職金をどれくらい払えるか、筆頭家老として把握しておくためであった。

こうした内蔵助の周囲への気配りや用意周到さは、のちに吉良邸討ち入りの際の準備段階にもいかんなく発揮されたことは言うまでもない。例えば、一日も早い上野介への仇討ち決行を求める江戸詰めの強硬派（堀部《ほりべ》安兵衛《やすべえ》、高田郡兵衛《たかたぐんべえ》ら）をなだめるためにも内蔵助は細心の注意を払っていた。

▼浅野大学が広島本家に永預けと決まる

元禄十四年の夏が近づくと、江戸の強硬派が京都・山科に閑居《かんきょ》する内蔵助に対し、手紙で仇討ちの実行を促してきた。それが度重なったことで、このままでは暴走しかねないと危惧《きぐ》した内蔵助は、原惣右衛門《はらそうえもん》らを使者につかわし、「今は大学様（内匠頭の弟）をもって浅野家再興を幕府に嘆願しているさなかだから、勝手な行動は厳に慎んでもらいたい」と説得させている。

ところが、強硬派は一向に折れなかったため、その年の十一月、内蔵助自ら江戸に出府し、堀部らの慰撫《いぶ》に当たっている。これが、大石の「第一次東下《あずまくだ》り」と言われるものだ。のちに内蔵助は、念には念を入れようと考えたらしく、翌元禄十五年の春にも堀部らに説得の使者（吉田忠左衛門《よしだちゅうざえもん》）をつかわせている。

浅野家再興のための運動資金として一銭でも多くの金子《きんす》を手元に置いておきたい内蔵助にとっては、こうした京都と江戸の往復にかかる旅費や滞在費は頭の痛い出費だったに違いない。しかし、その出費を惜しんだことで、強硬派が暴走してしまっては本末転倒というものだった。

元禄十五年七月、浅野大学が本家広島の浅野家に永預けと決まる。これで浅野家再興の夢が完全に断たれてしまった。ここで腹を括《くく》った内蔵助は、上方にいる同志を集め、赤穂城明け渡し以来、自らの胸に温めてきた存念をこう吐露したのだった。

「今年中に亡君の仇を報ずるつもりだ。皆々の覚悟はいかに」

▼討ち入りの際の服装や武器にも言及

十月上旬、内蔵助は山科を出て江戸へと向かった。途中、川崎の平間村で知人宅の離れに滞在する。そして、ここから江戸の同志あてに、討ち入りの際に守るべきことを箇条書きした「訓令十カ条」を送っていた。いくつか紹介しよう。

一、討ち入りのときの服装は黒小袖を用いること
一、武器は随意。ただし槍、半弓を使う者は届け出ること
一、機会があっても抜け駆けで本意を遂げることは許さない
一、相手は百人余もあろうが、一人対二、三人のつもりでやれば全勝疑いなし
――など、討ち入りの際の服装や武器、戦い方まで細かい指示がなされており、このあたり、「気配り屋」の内蔵助の面目躍如《やくじょ》たるものがある。

十一月五日、江戸に入った内蔵助は日本橋石町《こくちょう》の旅籠《はたご》・小山屋弥兵衛方に草鞋《わらじ》を脱いだ。公事訴訟《くじそしょう》のために江戸に出てきたという触れ込みで、この宿で月末まで滞在している。内蔵助自身は「垣見《かきみ》五郎兵衛」という変名を名乗ったという。当時、土地争いなどに関する訴訟や裁判のために地方から江戸にやって来る人は大勢いて、一カ月くらい滞在することはけっして珍しくなかったのである。

内蔵助はこの宿に腰を据え、同志らを指図して吉良邸の偵察や絵図面の入手、屋敷に出入りする人物の素性を探らせるなど考えつく限りの準備を行っている。

▼同志たちの食べ物にも気を遣う内蔵助

十二月二日、内蔵助は頼母子講《たのもしこう》の寄合と称し、深川八幡の茶屋に全同志を集めた。そこでは、討ち入りの際の注意事項が再確認されており、装束や武器、所持品、合言葉など十六項目にもわたるものだった。例えば、「上野介の首を挙げたら、その首を上野介の上着にくるんで持ち出すこと」といったことまで決められたという。

そして決行当日の十二月十四日、江戸市中の三カ所に集合した赤穂浪士たちは深夜となり、それぞれの場所から本所の吉良邸を目指したのである。この日の夜、吉良邸では年忘れの茶会が開かれることを内蔵助は事前につかんでいた。つまり、上野介は確実に在宅しているとにらんだわけである。その確証を得るために、上野介の周囲にいる複数の人たちから裏付けを取っているのが、いかにも内蔵助らしい。

内蔵助の気配りという点では、こんな逸話もある。討ち入りの直前、彼は同志たちに鉈豆《なたまめ》を食べさせていた。福神漬の材料としておなじみの野菜だ。古来、鉈豆は「腎を益し、元を補う」滋養強壮食品として知られていた。それをわざわざ取り寄せて同志たちに食べさせたのである。

さらに内蔵助は、本懐《ほんかい》を遂げて吉良邸を引き揚げる際、餅と蜜柑《みかん》を同志たちに食べさせてもいる。戦闘が収まればさぞや空腹を覚え、喉も渇《かわ》くことだろうと気をまわし、それらを携行させていたのである。また、事前に血止め薬を配っていたとも言われている。この用意周到ぶりはどうだ。

▼生活に困窮する同志には金銭の扶助も

赤穂浪士が吉良邸を引き揚げる際の話をもう少し続けると、上野介の遺体の取り扱いに関してだが、遺体を寝所に運んで布団に寝かせるなどごく丁寧に扱っていた。

火の始末にも注意し、戦闘時に使用した蝋燭《ろうそく》などは庭に集めて水をかけ、屋敷内の火鉢にも水をかけて回るという念の入れようだった。また、隣家の土屋主税《つちやちから》（上級旗本）邸に使者を出し、夜中に騒がせたことへの詫びを入れることも忘れなかった。

――ここまで見てきてわかるのは、大石内蔵助という人はつくづく用意周到で気配りの人でもあったということだ。討ち入りに至るまでの期間、生活に苦しい同志がいると聞くと内緒で金を融通することも珍しくなかったという。十七の若さで討ち入り計画に加わった矢頭右衛門七《やとうえもしち》の場合など、母親と幼い妹三人の面倒をみなければならないという彼の境遇を憐れみ、金十両を渡しているほどである。

討ち入りを決意するまでの内蔵助はまさに昼行燈。特に江戸の強硬派には煮え切らない態度に見え、苛立《いらだ》ちを募らせる結果となったが、いったん討ち入りを決意した後の内蔵助は誰の目にも頼もしく映ったはずだ。

同志たちは、討ち入った後に食べる餅や蜜柑のことまで頭に入れていた内蔵助の用意周到さに半《なか》ば呆《あき》れ、半ば畏敬の念を持ち、そのうち「この人についていけば間違いがない」と思うようになったのだろう。赤穂浪士たちはこの内蔵助の気配りと用意周到さがあったればこそ、本懐を遂げることができたのである。

〝血の団結〟を誇った「新選組」の〝刃〟は、なぜ内側にも向けられたのか

▼「池田屋事件」で一躍名を轟かせる

幕末、京都の治安維持活動に当たった浪士集団――新選組。佐幕か倒幕かで沸騰する動乱期を閃光《せんこう》のように駆け抜け、若い命を散らしたその潔い生き方に憧《あこが》れを抱く人はいつの時代も少なくない。

新選組といえば、まず「池田屋事件」が思い浮かぶ。近藤勇《こんどういさみ》らは京都・三条小橋の旅籠《はたご》池田屋で開かれていた尊皇攘夷《そんのうじょうい》派志士の会合の席を急襲し、四人を捕縛、九人を討ち取るという赫々《かっかく》たる戦果を挙げ、一躍名を轟《とどろ》かせたのだった。元治元年（一八六四年）六月五日の出来事である。

研究者の調べでは、この池田屋事件のように新選組が取り締まりにかかわった事件で、現場において斬り捨てた勤皇《きんのう》の志士は二十数人にのぼるという。これを少ないと見るか多いと見るかは判断の分かれるところだが、実は新選組という組織はこうした本来の取り締まりで殺害した人数よりもはるかに多くの仲間を、内部粛清《しゅくせい》によって殺害していたことをご存じだろうか。

なぜそこまで、きのうまで同じ釜の飯を食った仲間に対し厳しい鉄槌《てっつい》を下す必要があったのだろうか。本稿では、新選組の真実の姿を知るうえで欠かせない「粛清の履歴」をたどってみたいと思う。

▼酒に酔わせて闇討ちにかける

新選組の粛清事件と聞いて、その草創期、権力闘争の末に水戸藩浪士の芹沢鴨《せりざわかも》が暗殺された事件を挙げる人も多いことだろう。この事件を、新選組が手を下した最初の粛清事件と思っている人もいるようだが、それは違う。粛清事件の被害者第一号は、殿内義雄《とのうちよしお》という人物である。

文久三年（一八六三年）三月二十五日に起きた事件というから、近藤らが清河《きよかわ》八郎《はちろう》と袂《たもと》を分かち、京都に残って新選組の前身である「壬生《みぶ》浪士組」を旗揚げした直後のことである。殿内は現在の千葉県山武《さんむ》市の裕福な農家の出身で、文武両道の才を認められ下総《しもうさ》国結城《ゆうき》藩に仕官した経験も持っていた。

近藤ら「試衛館《しえいかん》」一派が、なぜこの殿内を殺害したのか、はっきりしたことはわかっていないが、おそらくは殿内の才能に嫉妬し、このままでは早晩、殿内一派に飲み込まれてしまうに違いないと怖れたからとみられている。

近藤に欺《あざむ》かれ、したたかに酔わされた殿内は、四条大橋で闇討《やみう》ちに遭ってしまう。のちに近藤は自分が手を下したことを郷里の後援者に手紙で白状しているので、実行犯は近藤で間違いないだろう。盟友の沖田総司《おきたそうじ》も加わっていたらしい。事件を知り、殿内一派はあわてて京都を去ったという。

▼最初の隊規に「切腹」の文字はなかった

この殿内義雄暗殺事件があってすぐ、近藤と芹沢の二人が中心になり、壬生浪士組初の隊規がつくられている。門限を守れとか文武の稽古を怠るなとかいった内容で、のちに土方歳三《ひじかたとしぞう》が改定したとされる隊規（一般に「局中法度《はっと》」と呼ばれるが、当時新選組隊士はたんに「禁令」と呼んでいた）と違い、違反者に対し何が何でも切腹を強制するようなことがなかった点に注目しておきたい。

文久三年八月十八日、公武合体派が尊皇攘夷過激派を京都から追放した「八月十八日の政変」において、壬生浪士組はその警備活動が評価され、新しい隊名「新選組」を京都守護職の会津藩主・松平容保《まつだいらかたもり》より賜《たまわ》る（朝廷から賜ったとする異説あり）。

その翌月の九月十六日（十八日説も）、新選組筆頭局長の芹沢鴨が近藤ら試衛館一派によって粛清され、新選組から水戸派が一掃されている。この芹沢鴨暗殺事件については、すでに語り尽くされているのでここでは割愛する。いずれにしろ、こののち新選組は試衛館派が牛耳ることになった。

池田屋事件の翌年、元治二年（一八六五年）二月二十三日には、近藤とは試衛館以来の盟友であった山南敬助《やまなみけいすけ》が粛清に遭っている。

山南は土方歳三と並んで新選組副長の地位にあり、温厚な人柄で人望も厚かった。そんな山南が突然、「江戸へ行く」という置手紙を残し、隊規違反の脱走を図ったのである。

▼幕府の走狗と成り果てた近藤に愛想を尽かす

山南は大津まで逃げたところで、追って来た沖田総司に拘束《こうそく》され、そのまま京都の新選組屯所《とんしょ》に連れ戻される。沖田は試衛館時代、山南から弟のようにかわいがられていただけに、そんな沖田に説得されたなら素直に戻ってくるに違いないとにらんだ近藤や土方の作戦勝ちだった。

帰還した山南はすぐに近藤から切腹を命じられる。新しい隊規では「脱走した者は切腹」と決められていたため、山南とて例外は許されなかったのだ。介錯《かいしゃく》は沖田が務めた。山南は隊士仲間に限らず壬生界隈《かいわい》の人々からの評判もよく、出棺の際は沿道にその死を悼《いた》む人々が群がったという。

山南がなぜ脱走したかだが、これも確たる理由がみつかっていない。通説では、もともと勤皇の思いが強かった山南が、京都に来てから変節した近藤に愛想を尽かしたからだと言われている。試衛館時代の近藤は、この当時の大方の武士がそうであったように尊皇攘夷を唱えていた。

ところが京都に来て新選組を旗揚げするや、近藤はただの幕府の走狗《そうく》と成り果ててしまった。山南はこのことに強い不満を覚えるようになり、新選組から脱《ぬ》ける道を選んだのだという。

▼近藤の女遊びを諫言して粛清された？

山南敬助が粛清された元治二年（一八六五年）から、「鳥羽・伏見の戦い」に敗れて隊が解散に至るまでの三年間というのは、新選組の中で粛清の嵐が吹き荒れた三年間でもあった。主な被害者を挙げてみよう。

隊の経理担当で、女性関係の浪費が激しい近藤に諫言《かんげん》したところ、近藤ににらまれ遣い込みの罪を着せられ粛清されたという噂も立った河合耆三郎《かわいきさぶろう》、新選組の参謀格だったが、近藤とは相容れない勤皇思想の持ち主だったため、のちに脱盟して粛清された伊東甲子太郎《いとうかしたろう》、さらに、隊では甲州流軍学による調練を担当したが、やがて倒幕運動にのめり込んで脱盟し粛清された武田観柳斎《たけだかんりゅうさい》、近藤とは試衛館時代からの盟友で日ごろ近藤にかわいがられていたが、伊東甲子太郎に傾倒し脱盟して粛清された藤堂平助《とうどうへいすけ》――などの面々がこの三年間で被害に遭っていた。

最後に粛清されたのは小林桂之助《こばやしけいのすけ》という隊士で、小林は伊東甲子太郎が脱盟する際、新選組に残していった間者《スパイ》だった。新選組の機密を記した手紙を別の隊士に拾われ、間者であることが発覚、すぐに幹部の島田魁《しまだかい》によって絞殺《こうさつ》されたという。まだ二十一歳だった。慶応三年（一八六七年）十二月十六日のことである。この約半月後に勃発した鳥羽・伏見の戦いによって、新選組自身が世の中から〝粛清〟されようとは、このときの近藤らは想像もしていなかったはずである。

▼「理想の武士像」を隊士に求める

壬生浪士組時代も含め新選組の活動期間は五年弱である。この五年弱で、判明しているだけで最初の殿内義雄から最後の小林桂之助まで、のべ四十人を超える隊士・元隊士が粛清に遭っていた。

冒頭で述べたように新選組は本職の取り締まり活動で二十数人の命を奪っていることを考えると、その約二倍の人数を内部粛清で殺害したことになる。もはや治安部隊と言うより粛清部隊（こんな言葉があるかどうか知らないが……）である。

新選組は最盛期には二百人を超えていたと言われている。諸国から腕に覚えがあって一癖も二癖もある男たちが集まって来ていただけに、それらを統率するには並大抵のやり方では無理だったのだろう。そこで近藤と土方は「理想の武士像」を隊士らに要求し、隊規を破れば即切腹というとんでもなく厳しい掟《おきて》をつくりあげ、その掟を、隊を統率するために運用したのである。

近藤や土方がこうした思いに至った背景には、彼らが多摩地方で生まれ育った男たちだったということが少なからず関係していたはずだ。江戸期、多摩地方というのは幕府の直轄地（天領）が多く、代々の農民は旗本意識を強く持っていた。

それゆえ幕府に一朝《いっちょう》事あるときは何をおいても将軍の御馬前に駆け付け、ひと働きして見せるという気概を持っていたのだという。近藤や土方のこうした徳川幕府に対する熱い思いの結晶が新選組だったと言えなくもないのである。

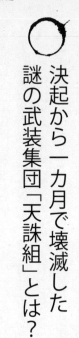

◯決起から一カ月で壊滅した謎の武装集団「天誅組」とは？

▼討幕運動の呼び水となる

天誅《てんちゅう》――天に成り代わって成敗するという意味である。天皇の権威を絶対視し、外敵を武力で排斥《はいせき》しようとする政治運動、いわゆる「尊皇攘夷《そんのうじょうい》」の嵐が吹き荒れた幕末の京都などで、対立する佐幕開国派の者を暗殺する際に過激な尊攘派がよく用いた言葉である。彼らが言う天とは、むろん天皇のことだ。

こんな物騒極まりない言葉をそのまま隊名に用いた尊攘派の武装集団が、この幕末期に存在した。すなわち「天誅組」だ。彼らは脱藩浪人や郷士《ごうし》（半士半農の身分）など名もない草莽《そうもう》の徒《と》の集まりだった。そんな彼らが皇軍《こうぐん》の先鋒たらんと大和《やまと》国（奈良県）で決起したまではよかったが、すぐに運命は急転、天皇に弓を引く逆賊として幕府軍の追討《ついとう》を受け、わずか一カ月余りで壊滅させられたのだった。

このあたり、同じ章で紹介している赤報隊《せきほうたい》とそっくりだ。草莽の徒の集まりで、倒幕運動に突き進みながら最後は逆賊として壊滅させられたのもまったく同じだ。

しかしながら、この天誅組の場合、その存在が武力蜂起《ほうき》の先駆けとなり、のちの倒幕運動の呼び水となったとも言われている。その意味では、赤報隊よりも世の中に与えた影響は大きいと考えられている。本稿ではそのあたりの真相に迫った。

▼五條代官所を焼き払う

天誅組は、土佐藩出身の吉村虎《よしむらとら》（寅）太郎《たろう》を中心とした尊攘派浪士の一団が、孝《こう》明《めい》天皇の義弟にあたる青年貴族で、当時は朝廷の中でも急進的な攘夷派として知られていた中山忠光《なかやまただみつ》を首領（天誅組では「主将」と呼んだ）に担ぎ上げて結成した武装集団である。中山忠光という人は、孝明帝と同様、開国には絶対反対の立場にあり、幕府が朝廷の許しもなく開国したことに対し、激しい憤《いきどお》りを感じていたという。

文久三年（一八六三年）八月十四日、中山と吉村が率いる天誅組約四十人が、

「皇軍御先鋒」と称して、京都から大和・五條へと向かった。近く、孝明帝が攘夷御祈願のために大和の春日大社に行幸《ぎょうこう》する予定があり、その先鋒を務めるのが目的だった。大和国というのは大部分が幕府の天領であったため、代官所を襲って幕府勢力を駆逐《くちく》し、そのうえで帝《みかど》をお迎えしようと吉村らは考えたのである。

三日後の十七日夕刻、河内《かわち》方面からやって来た同志七十人余りを加えた天誅組百十人は、五條代官所を襲撃した。代官・鈴木正信《すずきまさのぶ》は突然のことに大した応戦もできず、あっさり殺害され、代官所も焼き払われてしまう。吉村たちは近くの寺を本陣に定めると、「五條御政府」の表札を掲げ、これまで代官所が所轄していた約七万石の土地を朝廷の直轄地とする旨《むね》、宣言したのであった。

▼京都で政変が起こり、尊攘派が一掃される

代官所の襲撃に成功して意気揚がる吉村らは次に近郷近在に住む十津川《とつかわ》郷士の代表者を本陣に呼び寄せた。そして、自分たちは皇軍である。その皇軍に加わることは天皇の臣下たる者の責務であると熱弁をふるい、またたく間に五十九カ村から千人近い兵を集めたのである。このあたりは古来、尊皇の志が高い気風だったことが

吉村らに幸いしたのだ。

吉村らは計画が予定通り運び、あとは帝をお迎えするばかりと安心しきっていると、そこへ最悪の知らせが飛び込んできた。代官所襲撃の翌日、京都で政変が起こり、帝の行幸は取り止めになったというのだ。その政変とは、会津藩と薩摩藩が手を組んで、尊攘派の公卿《くぎょう》と長州藩を一挙に京都から追放してしまったという事件で、のちに「八月十八日の政変」(「七卿《しちきょう》落ち」とも)と呼ばれるものだった。

この政変によって、攘夷御祈願の大和行幸の先鋒として挙兵した天誅組は大義名分を失ってしまった。それどころか一転、朝廷と幕府から逆賊として討伐《とうばつ》を受ける側に立たされ、高取藩や津藩など周辺諸藩から追討軍が向けられる始末だった。そこで進退に窮した天誅組は、比較的防御が甘いと見た高取城(高市郡高取町)を奪取し、籠城《ろうじょう》して追討軍に抵抗する作戦を選択。こうして八月二十六日早朝、天誅組は高取城近くの鳥ケ峰という所で待ち構えていた高取藩兵と交戦することになった。

▼主力の十津川勢に愛想を尽かされる

このとき天誅組は約千人、対する高取藩兵は二百数十人と圧倒的に天誅組の兵力が上回っていた。ところが二時間後に終わってみれば天誅組の惨敗だった。高取藩方では武器庫から年代物の大砲四門を引っ張り出してきて、前線に据えたのだが、どうやらこれが絶大な効果を発揮したらしい。

大砲の発射音に度肝を抜かれた天誅組は武器を放り捨て、蜘蛛《くも》の子を散らすようにその場から退散したのだ。この合戦で天誅組の戦死者は約十人、捕虜は約五十人を数えた。一方、高取藩方に戦死者はなく、軽傷を負った者が二人いただけだった。天誅組の戦死者のほとんどは逃げる際に味方に踏みつぶされたものだったという。郷士とはいえ戦《いくさ》の訓練の経験もない寄せ集め集団の悲しさだった。

九月十四日になり、自分たちは「皇軍に入れ」と言われたから命令に従ったのに、これでは話が違う、と十津川郷士らは激昂《げっこう》して吉村に詰め寄り、天誅組からの離脱を宣言。同時に吉村らに対し、十津川からの退去を迫った。

主力の十津川勢に抜けられたのではもはや組は立ち行かない。ここに至り、主将の中山は天誅組の解散を宣言する。こうして寄辺《よるべ》のない残党となった中山や吉村はそれぞれ十津川からの脱出法を模索することになった。まず、吉村だが、伊勢方面を目指して逃げる途中の鷲家口《わしかぐち》（奈良県東吉野村）という所で津藩兵にみつかり、銃殺されてしまう。九月二十七日のことだった。享年二十七。

▼長州藩の守旧派によって暗殺された?

主将の中山忠光の脱出行には数人の護衛が付き随《したが》ったお陰で、どうにか大和を抜けて大坂に入ることができた。そして、いったん長州藩邸に匿《かくま》われた後、長州へ逃れて長州藩の支藩の長府《ちょうふ》藩(下関市)に潜伏する。

翌年の元治《げんじ》元年(一八六四年)十一月、中山は潜伏先の長府藩で死亡する。わずか十九年の生涯だった。長府毛利家の公式記録では病死となっているが、周囲は誰一人それを信じなかった。「禁門の変」ののち、長州藩では守旧派(俗論党)が実権を握っており、その守旧派が刺客を放って幕府から疎《うと》まれていた中山の口を永遠に塞《ふさ》いだ、というのが真相らしい。本当の死因は絞殺《こうさつ》だという。

この中山忠光の死に関連した後日談がある。明治の世となり、旧大名家に対し、維新時の功績に応じた爵位《しゃくい》が明治天皇から授けられることになった。毛利本家には五段階(公・侯・伯・子・男)のうち、最上位の公爵が授けられた。誰もが納得である。一方、長府毛利家は下から二番目の子爵に決まった。

このとき周囲から、本家と共に維新実現に尽力したのだから、まん中の伯爵が相当なのではという意見も出たが、なぜか覆《くつがえ》らなかった。このとき明治天皇が「あれは、中山の叔父《おじ》を殺したからのう」と誰にともなく呟《つぶや》いたため、その大御心《おおみこころ》を忖度《そんたく》して子爵にとどめ置かれたのだという。

◇

天誅組の中で明治の世を無事に迎えることができたのは、五條代官所を襲撃した際に河内方面から加わった一団の中の数人だけだった。残りはすべて逮捕時に殺されたり、逮捕後に逆賊として処刑されたりしている。

結果的にこの天誅組の抗戦は決起からわずか一カ月余りで、しかも惨《みじ》めな失敗に終わっている。しかし、これが尊攘派による幕府に対する初めての組織的武装蜂起だったため、倒（討）幕派の志士たちに与えた影響には計り知れないものがあった。この天誅組の存在がなければ、のちの戊辰《ぼしん》戦争はもっと違った形で始まっていたかもしれないと言われている。

天誅組はただの短絡的な尊攘急進派ではなくて、維新の先駆けだったと評価する史家が少なくないのはそうした理由によるものなのだ。

○偽官軍の汚名を着せられた「赤報隊」の哀しき〝その後〟

▼年貢半減を宣伝しながら江戸へ向かう

「赤報隊《せきほうたい》」をご存じだろうか？　幕末、西郷隆盛《さいごうたかもり》や岩倉具視《いわくらともみ》の後押しを受けて結成された草莽《そうもう》諸隊の一つである。草莽諸隊とはこの時代、在野の憂国の士が集まって結成された集団をこう呼んだ。隊長は相楽総三《さがらそうぞう》といい、郷士《ごうし》（半士半農の身分）出身の尊皇攘夷《そんのうじょうい》派《は》の志士だった。

赤報隊は、新政府軍（官軍）と旧幕府勢力が戦った戊辰《ぼしん》戦争の際、近江国《おうみ》（滋賀県）で結成され、そのまま新政府の東山道《とうさんどう》軍の先鋒として各地で「年貢《ねんぐ》半減」を宣伝しながら江戸へと向かった。彼らはその途中途中で民衆から熱烈な歓迎を受けたが、下諏訪《しもすわ》（長野県諏訪郡）まで来たところでとつぜん新政府軍に捕縛され、相楽らは「偽《にせ》官軍」のレッテルを張られたうえで即時処刑されてしまった。赤報隊は結成からわずか二カ月の短い命だった。

西郷ら新政府の意を受けて結成された赤報隊が、その新政府に土壇場のところで足をすくわれたのは一体なぜだろうか。当時の新政府幹部たちの止《や》むに止まれぬ裏事情に迫った。

▼西郷や大久保と知り合い倒幕運動に突き進む

まず隊長の相楽総三についてその略歴を述べてみる。総三は、天保十年（一八三九年）に江戸・赤坂で誕生した。本名は小島将満《こじままさみち》。父の兵馬《ひょうま》は元、下総《しもうさ》相馬郡（茨城県取手市）の裕福な郷士で、蓄えた金を持って江戸に出て両替商を始めたところ、それが成功し、四男の総三が生まれたころはすでにかなりの財産を築いていた。

総三は当時の時代情勢もあって早くから国学や兵学に傾倒し、二十歳のころにはすでに私塾を開いて多くの門弟を抱えていたという。そのうち全国を遍歴して尊皇攘夷派の志士と交流を深めるようになる。

慶応二年（一八六六年）、二十八歳のときに京都に上り、西郷や大久保《おおくぼ》（利通《としみち》）らの知遇を得たことが転機となった。以来総三は倒幕運動に突き進むことになり、江戸に戻るとまず薩摩藩邸を拠点に浪士集めに奔走《ほんそう》した。そして三百人ほどの浪士を集めると、下野《しもつけ》（栃木県）、甲斐《かい》（山梨県）、相模《さがみ》（神奈川県）の関東の三カ所で同時に騒乱を起こさせ、そのすきに江戸で挙兵する作戦を実行しようとしたのである。この計画は裏で西郷が糸を引いていたと言われている。

▼旧幕府勢力を挑発する行動に出る

しかし、計画は直前に幕府方に洩《も》れていた。総三自身は逮捕を免れたが、浪士隊三百人のうち約百人までが捕まって処刑され、大失敗に終わる。そこで総三は作戦を変更し、浪士隊に江戸市中で放火や略奪などを行わせ、幕府方を盛んに挑発した。

この争乱は薩摩の陰謀だとわかっていた幕府方は当初こそぐっと我慢していたが、ついにその我慢が抑えきれなくなり、江戸の薩摩藩邸を焼き討ちする。それは大政奉還後の慶応三年十二月二十五日のことだった。このとき藩邸に潜んでいた総三はからくも脱出に成功し、薩摩藩の軍艦（汽船）で江戸を逃れている。のちに西郷は、藩邸が幕府方に焼き討ちされたことを伝え聞き、「相楽の功である。これで戦端が開けた」と大喜びしたそうである。

明けて慶応四年（一八六八年）一月三日、戊辰戦争の初戦となる鳥羽・伏見の戦いが起こる。西郷の目算どおりに運んだのだ。この戦いに敗れた旧幕府軍は江戸を目指して敗走したため、新政府は直ちに征討軍《せいとうぐん》を編成した。征討軍は東海道、東山道（近世の中山道にほぼ相当）、北陸道の三つに分かれて進軍する計画だった。

このとき、本隊に先駆けて先鋒隊を派遣することになり、総三は西郷や岩倉からその先鋒隊の結成を勧められる。それが、赤報隊であった。

▼結成早々、隊は空中分解してしまう

赤報とは赤心報国、つまり「真心一筋に国恩に報いる」という意味だ。隊は一番、二番、三番隊まであり、総勢約三百人（異説あり）。一番隊は総三とその同志（脱藩浪人のほか、元は農民や商人、僧侶だったいわゆる草莽の志士）、二番隊は鈴木《すずき》三樹三郎《みきさぶろう》ら新選組の脱退メンバー、三番隊は近江・水口《みなくち》藩士が主力だった。つまり、何の縁もゆかりもない混成部隊だったのである。

したがって一番隊は別にして、二番隊と三番隊は総三の命令に従おうとはしなかった。官軍の中での赤報隊の処遇が正式に決まっていなかったことも悪いほうに傾き、三つの部隊は早々に話し合いが決裂、空中分解してしまう。結果的に総三の一番隊だけが江戸を目指すことになった。しかしそれも最初は東海道先鋒総督府の指揮下に入り、佐幕派で有名な桑名藩の攻略を打診されたのだが、総三はその申し出を無視し、勝手に一番隊を引き連れ東山道を進んでいったのである。

東山道に入る直前、総三は京都を訪れている。このとき総三は、太政官《だじょうかん》・坊城《ぼうじょう》大納言の名で「官軍先鋒を命じる」との勅定書《ちょくじょうしょ》（天皇の命令書）と、旧幕府領の領民については当面の間年貢を半減するという勅定書（こちらに関してはのちに撤回されている）まで授かったという。

▼総三、総督府から召喚を受ける

東山道を下る赤報隊は、各地で大歓迎を受けた。それはそうだ、「年貢半減」と言われて喜ばない庶民はいなかった。こうして総三らは宿場宿場で「年貢半減」を触れ回りながら、その一方で通りかかった信州諸藩や豪農、商家に勤皇《きんのう》を説き、強請《ゆすり》半分に食べ物や金銭を供出させたという。

このように東山道の行く先々で赤報隊が庶民から熱烈な歓迎を受けているという報告を聞いてあわてたのが、あとから進軍してくる総督府軍の幹部連中だった。「草莽の輩《やから》がどこまで勝手な振る舞いに及ぶのか」と激怒し、すぐに総三に召喚《しょうかん》命令を出した。総三は最初、その命令を無視した。ところが赤報隊の横暴な振る舞いに対し堪忍袋の緒を切った小諸《こもろ》藩など北信濃諸藩が一斉に攻撃を仕掛けてきたため、総三らは逃げ込むようにして当時下諏訪にあった総督府本陣に出頭した。

そんな総三を、総督府軍の岩倉具定《いわくらともさだ》（具視の子）は有無を言わさず、捕縛させたという。そして、総三以下五十四人の赤報隊隊士はただの一度も取り調べを受けることなく、二昼夜、下諏訪神社の並木に縛《ばく》されたまま晒《さら》され、そののち総三は幹部七人と共に斬首された。こうして赤報隊は地上から消滅した。それは結成からまる二カ月にも満たない慶応四年三月三日のことだった。総三、享年三十。

▼北信濃諸藩からの攻撃にも官軍の陰謀が

斬首の際、総三らに示された罪状だが、「沿道で勝手に金策したり暴行を働いたりするなど軍の規律を乱したから」というものだった。ここで注目してほしいのは、罪状はあくまで「軍の規律違反」であって、「偽官軍」の言葉が持ち出されていない点だ。これは総三が所持していた「官軍先鋒」の勅定書が効力を発揮した結果だった。

当初、赤報隊に偽官軍の汚名を着せて早々に処断しようと簡単に考えていた岩倉らだったが、勅定書が出てきたためその目論見は失敗に終わる。しかし、一般庶民はそんな複雑なことは知るよしもなく、あくまで赤報隊は官軍を騙《かた》った罪で処罰されたと信じ込んでしまったのである。

ところで、赤報隊が北信濃諸藩から攻撃を受けた事件も裏で東山道総督府軍の陰謀が働いていたと言われているのをご存じだろうか。通説では赤報隊は、横暴な振る舞いが原因で攻撃を受けたことになっているが、本当はその直前に総督府から北信濃諸藩に対し「官軍を騙る一団が間もなくそちらにやって来るので、速やかに捕縛されたし」との要請が入っていたのだという。

それが真実なら、国のために奔走していると信じ込んでいた総三ら自身、いつのまにか国事犯になっていたのだ。これはもう、悲劇と言うよりも喜劇だ。

▼子孫の働きで偽官軍の汚名を晴らす

総三が、朝廷から「官軍先鋒」と「年貢半減」の勅定書をもらっていることを総督府がどこまで知っていたか定かではないが、財政難にあえぐ新政府にとっては勝手に年貢半減など持ち出されてはたまったものではなかった。そこで街道沿いの住民に対し「あれは流言《デマ》だった」と撤回する必要が生まれ、それを証明して見せるために総三らに偽官軍の汚名を着せ、永遠に口をふさいだというのが真相であろう。

総三が長きにわたり、偽官軍の汚名を着せられていたのは事実。しかし昭和に入り、子孫の働きで名誉が回復された。昭和三年（一九二八年）、総三に対し正五位が追贈され、その翌年には靖国神社に合祀《ごうし》されてもいる。

相楽総三は、西郷や岩倉らにうまく利用されただけの可哀そうな男だったと同情を禁じ得ない部分もあるが、庶民の迷惑も顧みず関東の各所や江戸市中に騒乱を起こしたことと言い、この東山道での手段を選ばない自分勝手な行動と言い、あまりにもやり過ぎた。彼は本当に「赤心」から国の行く末を案じていたのだろうか。

○高杉晋作の「奇兵隊」が、幕末日本にもたらしたインパクトとは？

▼兵を用いて鬼神の如き高杉

「動けば雷電の如く、発すれば風雨の如し。衆目駭然《がいぜん》（驚くさま）として敢《あ》えて正視する者なし、これ我が東行《とうぎょう》（号、雅名《がめい》）高杉君に非《あら》ずや」

高杉晋作《しんさく》とは同じ長州藩士だった伊藤博文《ひろぶみ》が、後年、「高杉晋作顕彰碑《けんしょうひ》」の碑文で晋作を評した言葉である。さらに晋作唯一の弟子で、晋作に心酔しきっていた田中光顕《みつあき》（土佐藩の下級武士出身、明治の元勲《げんくん》）の場合、「兵を用いて鬼神の如き高杉、事に臨《のぞ》んで神出鬼没の英傑高杉、不世出の快男児高杉」と、べたぼめである。この田中光顕の評価はやや身贔屓《みびいき》が過ぎるようだが、そうは言っても、高杉晋作は疑いなく維新回天の立役者の一人であった。惜しくも二十九という若さで病死したが、彼がもう少し長生きしていたら、明治維新の形もかなり様変わりしていただろうと言われている。

そんな晋作の最大の功績とされているのが、「奇兵隊《きへいたい》」の創設である。奇兵隊とは、武士であろうと庶民であろうと、「志《こころざし》」があれば身分を問わず誰でも入隊を認めるという、わが国初の混成軍隊であった。

本稿では、長州藩が討幕へと突き進むきっかけとなったこの奇兵隊創設の経緯《いきさつ》と、のちに長州藩が幕府と戦った「四境《しきょう》戦争」の前後で奇兵隊が果たした役割、さらに悲惨極まりないその末路までをたどってみた。

▼外国側の反撃を受け壊滅状態に

奇兵隊は文久三年（一八六三年）六月六日、長州・下関（旧称・馬関《ばかん》）において、高杉晋作の発案によって結成された。ペリー提督率いる米国海軍東インド艦隊（いわゆる黒船）が浦賀沖に現れてからちょうど十年後のことである。

結成の主たる目的だが、下関を西欧列強の侵略から守るためだった。このころ長州藩では西欧列強に対し「攘夷《じょうい》」の気運が沸騰していた。奇兵隊結成のひと月ほど前のことだが、長州藩では下関に砲台を据え、関門海峡を通航する外国船に対し砲火を浴びせるという事件を起こしていた。その事件とは、五月十日に米国商船を、同二十三日にはフランスの通報艦を狙ったものだった。

これに対し、外国側はむろん報復行動に出た。六月一日になって米国の軍艦が下関に現れ、貧弱な長州藩の海軍に壊滅的な打撃を与えた。つづいて五日にはフランスの軍艦が来襲し、長州藩の砲台を破壊した上、村々を焼き払うことまでやった。

フランス兵に上陸されると、長州兵は周章狼狽《しゅうしょうろうばい》して逃げまどい、まったく頼りにならなかった。唯一、久坂玄瑞《くさかげんずい》率いる浪士の一団「光明寺《こうみょうじ》党」だけが勇敢に戦ったという。久坂は、吉田松陰《しょういん》門下にあっては晋作と並んで「竜虎」と称された英才だった。藩主毛利敬親《もうりたかちか》は下関が西欧列強に攻撃されたことを伝え聞いて愕然《がくぜん》とした。そして、若いが俊英の誉れ高い晋作を召し出し、対応策を下問《かもん》した。

▼士と農がほぼ半々で共存した組織

このとき晋作は、憂国の志ある者なら身分を問わず受け入れるという奇兵隊の創設を具申《ぐしん》し、即座に敬親から許諾《きょだく》を得ている。封建制《ほうけんせい》社会、おまけに幕藩体制下にあっては前代未聞の革新的な試みだったが、すぐに噂を聞いて入隊を希望する者たちが続々と集まってきた。その身分も、藩の下級武士や浪人、郷士《ごうし》、農民、町人、医者、神官、僧侶、力士、侠客《きょうかく》……など様々だった。

一体何人いたのか、時期によって異なるためはっきりしたことはわからないが、常時三百～五百人程度とみられている。明治の世となり、奇兵隊出身の宇野友治という人が諸記録を基に奇兵隊の名簿を作成しているが、そこにはのべ八百二十二人の名が載っていた。

歴史学者で下関市立大学教授などを務めた小林茂が、この名簿をもとに出身階層が明記されている隊士五百五十九人に限り、その内訳を調べている。それによると、士分（二百七十二人＝四八・七パーセント）と農民（二百三十七人＝四二・四パーセント）が拮抗《きっこう》しており、この二つの階層で九割以上を占めていた。

さらに、士分の内訳は下級武士や陪臣《ばいしん》（又家来《またけらい》のこと）が大半だったが、士と農が半々で共存することに変わりはなく、繰り返しになるが、封建制社会においては極めて革新的な組織と言えた。

▼長州に四方向から攻め込む幕府軍十万

隊士には宿舎と給与が与えられ、蘭学兵学者・大村益次郎《おおむらますじろう》の指揮の下、日々厳しい訓練が重ねられた。同時期、藩の上士を中心とした正規軍も組織されたが、泰平の世に慣れきって武士の気概を忘れた彼らと比べ、奇兵隊の隊士ははるかに熱心に訓練に取り組んだという。

そのうち、京都で「八月十八日の政変」や「禁門の変」が起こったことで、長州藩は幕府との対決姿勢を鮮明にする。奇兵隊も藩の方針転換に合わせ、結成当初の目的であった攘夷から討幕への先鋒として舵《かじ》を切ることになった。

その後、長州藩では幕府に恭順しようとする「俗論派」が台頭するようになり、奇兵隊に対し藩庁より解散命令が出される。これに対し、「正義派」を牛耳る晋作の行動は素早かった。奇兵隊ら長州藩の諸隊を糾合《きゅうごう》して挙兵し（「功山寺挙兵《こうざんじきょへい》」と称す）、俗論派を一掃してまたたく間に藩の実権を握ってしまったのだ。こうして長州藩は藩を挙げて幕府と対決することとなった。

功山寺挙兵から約一年半後の慶応二年（一八六六年）六月、「第二次長州征討《せいとう》」

（山口県では「四境戦争」と呼ぶ）が勃発。長州藩は約四千の寡勢《かぜい》で幕府軍十万の大軍を迎え撃つことになったが、晋作や奇兵隊らの活躍もあり、これを敢然と跳ね返すことに成功している。勝敗を分けたのは、両軍の士気の差に加え、幕府軍の総大将である徳川家茂《いえもち》（十四代将軍）が戦況不利のさなかに急死したことも影響を与えたようである。

▼脱退して蜂起の道を選ぶ

四境戦争の敗北で大きく権威を失墜させてしまった幕府は、その翌年の慶応三年十月、もはや捲土《けんど》重来《ちょうらい》の名案も浮かばないまま、大政奉還という形で政権の座から退出することになった。この間、長州藩を討幕へと向かわせた立役者である高杉晋作が、下関で肺結核の療養中に亡くなっている。慶応三年四月のことだった。

その後の奇兵隊だが、戊辰《ぼしん》戦争でも各地を転戦し抜群の働きをみせている。とりわけ戊辰戦争中、最大の激戦と言われた「北越戦争」では隊士の中から七十人近い死者を出すほど奮戦した。そんな国を二分した内戦もようやく終息し、意気揚々と長州に凱旋《がいせん》した奇兵隊。薩長政権が誕生した今、故郷に帰ればこれまでの働きに見合った報酬と待遇が待っていると誰もが信じて疑わなかった。隊士を待ち受けていたのは厳しいリストラの嵐だった。

ところが、その考えは見事に裏切られる。財政難にあえぐ長州藩では、奇兵隊を含む長州諸隊約五千人のうち二千人は常備軍として雇用するが、残り三千人は何の論功行賞もなく解雇すると発表したのである。しかも、雇用されたのは士分が多かった。

こうした藩庁の冷酷な仕打ちに対し、解雇された大方の平隊士たちは納得できないと憤慨し、脱退して蜂起《ほうき》の道を選ぶ。彼らは明治二年（一八六九年）末から三年にかけて、武装して山口藩庁を包囲するなど鎮圧軍と戦った。

▼同郷の木戸孝允によって鎮圧される

鎮圧軍を指揮したのは、長州藩出身で、わずか数年前まで志士として討幕活動を展開し、今や新政府の高官の座におさまっていた木戸孝允《きどたかよし》（桂小五郎）である。たまたま帰藩していた木戸は、毛利元徳《もうりもとのり》知藩事（のちに県知事に改称）から直接、反乱軍を武力鎮圧するよう要請されたのだった。

こうして、かつては一緒に幕府軍と戦った同郷の者たちが敵と味方に分かれ、周《す》防《おう》一円で悲惨な戦闘を繰り広げることになった。結局、このときの二カ月余りの内戦で脱退兵側は六十人が死亡し、七十三人が負傷したと記録にある。鎮圧後、藩は執拗《しつよう》に残党狩りを行い、最終的に百三十人余を処刑した。

ときの権力者によって、いいように利用され、必要なくなれば切り捨てられる――いつの時代でも起こり得る現象だと言ってしまえばそれまでだが、この奇兵隊の場合はただただ哀れだ。

もしもこの反乱が高杉晋作の存命中の出来事であったなら、権力者側にいた彼はやはり木戸と同じように苛烈《かれつ》な仕打ちに出たのだろうか。

「彰義隊」と渋沢栄一をつなぐ、見えざる〝接点〟

▼上野の山が一面焼け野原と化す

東京の上野公園（正式には上野恩賜《おんし》公園）といえば東京観光の代表的スポットの一つ。上野の山と呼ばれる台地と不忍池《しのばずのいけ》からなり、愛くるしいパンダで有名な上野動物園をはじめ、東京国立博物館や国立西洋美術館などの日本を代表する文化施設が集中する場所として全国的に知られた公園だ。

そんな平和の象徴ともいうべき場所で、一面焼け野原と化すほどの激しい戦争が今からおよそ百五十年前に繰り広げられていたのをご存じだろうか。江戸から明治への移行期に起こった「上野戦争」である。

戦ったのは、薩摩藩と長州藩を中心とする官軍（明治新政府軍）と、一方は「彰《しょう》義隊《ぎたい》」と呼ばれた旧幕府軍である。合戦の直前、官軍側の西郷隆盛《さいごうたかもり》と旧幕府側の勝《かつ》海舟《かいしゅう》との会談によって、官軍による江戸総攻撃は取り止めとなったはずなのに、なぜ合戦は回避できなかったのだろうか。

本稿ではそのあたりの謎と、なぜ合戦が上野で行われたのか、さらに彰義隊とは一体どんな部隊だったのかなどを探っていきたい。

▼勤皇思想が色濃い水戸家で育った慶喜

江戸幕府最後の将軍・徳川慶喜《とくがわよしのぶ》は、慶応四年（一八六八年）一月三日に勃発《ぼっぱつ》した「鳥羽・伏見の戦い」で官軍に敗れると、まだ形勢挽回の余地は十分あったにもかかわらず、わずかな供回りだけを引き連れ、大坂湾から軍艦開陽丸を利用してさっさと江戸に帰還してしまう。江戸に到着したのは八日後の十一日のことである。これこそ日本合戦史上にも稀《まれ》な総大将による敵前逃亡劇であった。

翌十二日、慶喜は江戸城に入る。このころすでに慶喜の胸中は官軍に降伏する方向に傾いていたとみられている。しかし、重臣を集め連日会議を開くが、交戦か不戦かの結論を出せないでいた。

主戦派の勘定奉行兼陸軍奉行並《なみ》の小栗忠順《おぐりただまさ》らが、「箱根の山で迎え撃てば、絶対に勝てます」と盛んに説いたが、慶喜はついに首を縦に振らなかった。もともと勤皇《きんのう》思想が色濃い水戸家で生まれ育った人だけに、官軍（皇軍）を名乗る軍隊に弓を引くようなことはしたくない、と考えていたのである。

そのうち、官軍が東海道、東山道、北陸道の三方面から江戸に押し寄せてくるという噂が伝わると、そこで慶喜ははっきりと周囲に降伏することを表明し、自身は江戸城を引き払い、上野の山にある寛永寺《かんえいじ》大慈院《だいじいん》で蟄居《ちっきょ》した。二月十二日のことだった。

▼渋沢栄一の従兄弟が結成した

なぜ蟄居先が上野の寛永寺だったかというと、そこは徳川幕府を象徴する存在だったからだ。初代家康《いえやす》をはじめとして秀忠《ひでただ》、家光《いえみつ》と三代の将軍の帰依《きえ》を受けた天海《てんかい》大僧正《だいそうじょう》が、徳川幕府の安泰と万民の平安を祈願するため、江戸城の鬼門（東北）にあたる上野の山に建立したのがこの寛永寺だった。当然、代々の将軍の崇敬《すうけい》を集めており、歴代将軍十五人のうち六人までがここを墓所にしていた。

慶喜が降伏を表明したことで、その弱腰な態度に幕臣の中から不満を訴える者が続出する。慶喜の奥祐筆《おくゆうひつ》（秘書官）を務めていた渋沢成一郎《しぶさわせいいちろう》もその一人だった。そう、ＮＨＫ大河ドラマ『青天を衝《つ》け』の主人公、渋沢栄一《えいいち》の従兄弟《いとこ》に当たる人物だ。

鳥羽・伏見の戦いにも参戦した成一郎は、江戸に戻ると同志を集め、彰義隊を結成する。表向きの結成理由は将軍の警護だったが、真の理由として「尽忠報国《じんちゅうほうこく》」と「薩賊討滅《さつぞくとうめつ》」を掲げていた。隊名彰義隊は、一橋《ひとつばし》徳川家の阿部杖策《あべじょうさく》の案が採用され、「大義を彰《あきら》かにする」から命名。また、頭取には成一郎が、副頭取には幕臣になって日も浅い天野八郎《あまのはちろう》が就任した。実は成一郎も天野も出身は農民だった。

彰義隊の結成を聞きつけ、幕臣のみならず、薩長を嫌う町人や侠客《きょうかく》などが続々と参加を申し出てきた。そして、またたく間に千人を超えるようになったため、四月三日になり、それまでの浅草の本願寺から寛永寺へと拠点を移すのであった。

▼官軍からの解散命令を無視する

四月十一日、江戸城が無血開城し、慶喜は故郷の水戸へと退去した。このころ彰義隊は三千～四千人にまで膨張していたという。慶喜が江戸を退去したことで渋沢成一郎は、慶喜を守るには江戸を出て日光に転陣したほうがよいと主張するが、あくまでも江戸での駐屯《ちゅうとん》を主張する天野と対立し、そのあげく成一郎は同志を連れて彰義隊を脱退してしまう。

その後の成一郎は、田無（現西東京市）で「振武軍《しんぶぐん》」を結成し独自の活動を展開する。さらに幕臣・榎本武揚《えのもとたけあき》と合流して蝦夷地《えぞち》（北海道）へと逃れ、函館戦争に加わった。終戦後はいったん投獄されるが、従兄弟の栄一の尽力で赦免《しゃめん》され、明治の世では生糸貿易を始めるなど栄一共々、実業家として大成功を収めている。

一方、天野八郎が率いる彰義隊だが、官軍からの解散命令を無視したため総攻撃を受けることになってしまった。彼らがなぜ解散命令に応じなかったかといえば、慶喜が江戸からいなくなったことで、隊の行動目的がいつしか、江戸の象徴である徳川家霊廟《れいびょう》と、同寺に在住する寛永寺《かんじゅ》貫主兼日光山輪王寺門跡《にっこうさんりんのうじもんぜき》の公現《こうげん》入道親王（明治天皇の義理の叔父《おじ》）を守護するという名目にすり替わってしまっていたからだ。

五月十五日未明、官軍は西郷隆盛の信任厚い大村益次郎《おおむらますじろう》（兵学者）の指揮のもと、雨が降りしきるなか、ひたひたと上野の山を包囲した。

▼火を吹くアームストロング砲

当時の寛永寺の全用地は現在の上野公園の二倍、およそ三十万坪（約百ヘクタール＝東京ドーム二十一個分）もあった。これほど広大な寛永寺を攻め落とすために大村は、正面の黒門口（上野広小路側）、不忍池の対岸の本郷台、背面の団子坂方面の三方向から攻撃する戦術をとった。そして東の根岸方面は敵の逃走経路としてわざとあけた上で、午前七時ごろに一斉攻撃を命じた。

主力部隊となる黒門口は薩摩・熊本・鳥取らの各藩、本郷台は佐賀・津・岡山らの各藩、団子坂方面は長州・大村・佐土原らの各藩が布陣した。戦端が開かれると、黒門口付近でいきなり激戦になった。薩摩兵らは大軍にものを言わせてライフル銃を乱射しながら黒門口を突破しようとするが、山王台（現在、西郷隆盛の銅像がある付近）から彰義隊が同じく銃で応戦し、それを阻《はば》んだ。

一方、このころ団子坂方面では予想外の「事件」が起きていた。長州兵らは新式（元込め式）のスナイドル銃を持たされたのだが、いざとなって操作に困惑する兵が続出する。そのため急きょ戦線を離れてしばらく練習し、そののちようやく参戦するという、笑うに笑えない椿事《ちんじ》が出来《しゅったい》していたのだった。

それはともかく、やがて一進一退の戦況が激変する転機が訪れる。その主役となったのが、本郷台の加賀藩邸（現在の東京大学構内）に据えられた大砲、アームストロング砲の存在だった。

▼三千人が三分の一の千人に減る

このアームストロング砲は佐賀藩が保有していた（佐賀藩が製造したという説もあり）ものだった。正午を期して四門の大砲から立て続けに六ポンド（約二・七キログラム）の炸裂弾《さくれつだん》が放たれると、それが不忍池を飛び越え、正確に寛永寺に着弾した。これを機に彰義隊は大混乱に陥ってしまう。

この機会を逃してはならじと官軍による怒涛《どとう》の攻撃が始まった。勢いに乗った官軍は強く、ただただ一方的な殺戮戦《さつりくせん》となった。午後五時ごろには根岸方面へ敗走した残党以外、彰義隊はほぼ全滅した。わずか半日の合戦だった。

開戦の数日前まで彰義隊は三千人を超える兵力を擁していたという。ところがいざ合戦が始まると三分の一の千人ほどに減っていた。これは臆病風に吹かれて脱退

◉上野戦争における新政府軍の布陣図

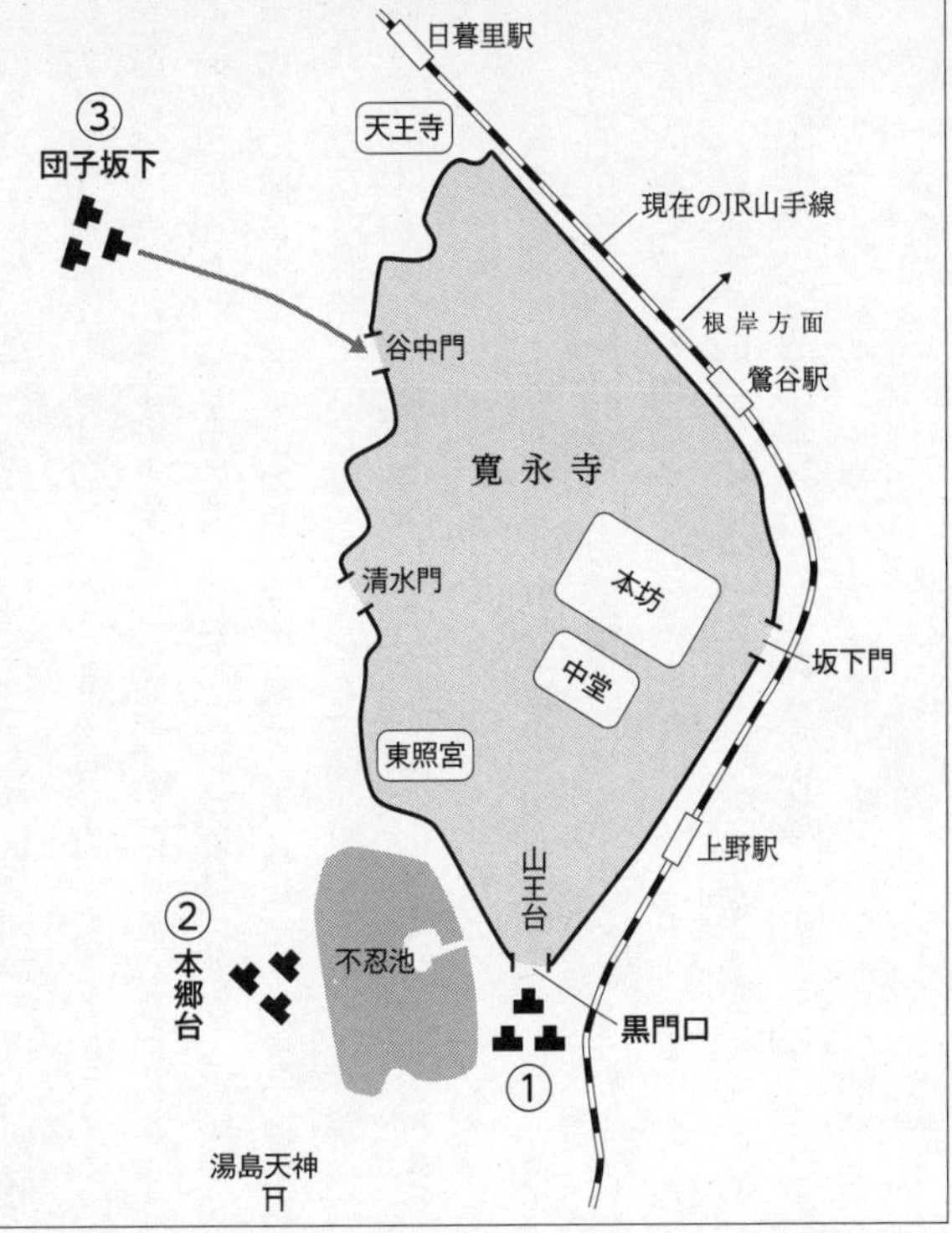

総指揮官の大村益次郎は、最も激戦が予想された①(黒門口)には主力の薩摩・熊本・鳥取らの藩兵、さらに②(本郷台)には佐賀・津・岡山らの藩兵、③(団子坂方面)には長州・大村・砂土原らの藩兵を配置した。

者が続出したからだった。戦死者の数ははっきりしないが三百人前後とみられており、一方、官軍側のそれは十分の一の三十人前後だったらしい。

彰義隊の生き残った隊士の一部は北陸や会津方面へ逃れながら官軍に抗戦し、のちに函館戦争に加わった者もいた。首魁《しゅかい》の天野八郎は何とか上野戦争を生き延びたが、逃亡中に捕まり、同じ年の明治元年（一八六八年）十二月、獄中で病死した。天野は豪放磊落《らいらく》な性格で、合戦のさなか、一隊を率いて敵陣に突撃したが、ふと気づくと後方の味方は全員逃亡していて、がっかりしたという恨み節も残している。

◇

現在、彰義隊の墓は上野公園の西郷隆盛像の後方にある。碑銘《ひめい》「戦死之墓」を揮《き》毫《ごう》したのは旧幕臣・山岡鉄舟《やまおかてっしゅう》。当時彰義隊は「賊軍」扱いされていたため、彰義隊の文字を入れることを憚《はばか》ったからであった。

これまで「逆賊」と決めつけられ、「烏合《うごう》の衆」と蔑《さげす》まれることもあった彰義隊。しかし、「徳川の世を死守する」という彼らなりの大義に殉じたことだけは確かである。

第3章

ウラから知ると面白い「影の組織」

「防人」制度の廃止を決定づけた〝疫病〟の話

▼家族を故郷に残して九州へと旅立つ

わが妻はいたく恋ひらし飲む水に影《かご》さへ見えて世に忘られず（遠江《とおとうみ》・若倭部身麻呂《わかやまとべのむまろ》）

《大意》妻はひどく私を恋しがっているようだ。飲む水にさえ彼女の面影が映って見えるので、どうにも忘れることができない。

唐衣《からころむ》裾に取りつき泣く子らを置きてそ来ぬや母《おも》なしにして（信濃《しなの》・他田大島《おさだのおおしま》）

《大意》裾にすがりついて泣く子どもを置いてきてしまったなぁ。母親も（死んでしまって）いないのに。

わが母の袖持ち撫《な》でてわが故《から》に泣きし心を忘らえぬかも（上総《かずさ》・物部《もののべの》乎刀良《おとら》）

《大意》母が出征する私の体を袖で撫でながら泣いた。その心が忘れられない。

――これらは『万葉集』に収録された防人歌《さきもりうた》百首余りのうちの一部である。いずれも名もない東国の農民が、国から徴兵されてはるか遠くの九州へ向かう途中で詠《よ》んだものだ。生きて故郷に帰れるかどうかもわからない過酷な任務だけに、家族を思うその切ない心情はいつの時代でも読む人の魂を揺さぶるはずだ。

本稿では、そんな古代の防人制度について語ってみたい。この制度はいつ、何のために始まったのか。組織としての実態はどうだったのか。さらに廃止されることになったある意外な理由についても述べてみることにしよう。

▼東国十カ国の農民男子が徴発される

防人は、七世紀の中ごろ、九州北部の沿岸部を外敵から守るために設けられた軍事制度である。隣国・唐の法制書『大唐六典《だいとうりくてん》』の中に「辺要置防人為鎮守（辺地の防衛のために防人を置く）」という一文があり、それにならったものだった。したがって、本来は「ぼうにん」と読むのが正しいのだが、日本では崎守《さきもり》――国の突端を守る人という意味で「さきもり」と呼ばれた。

防人という語句の初見は、『日本書紀』の大化二年（六四六年）の条とされている。しかし、防人が実際に制度化されたのは天智天皇二年（六六三年）以降のことだ。この年、朝鮮半島の白村江《はくそんこう》で日本軍が、唐・新羅《しらぎ》連合軍と戦って大敗を喫したことがきっかけとなり、九州北部の防衛力強化に迫られたからであった。

白村江の戦い後、大和朝廷は、外敵の侵入をいち早く伝達するための烽火《のろし》台を建設したり、西国統治の要《かなめ》である「大宰府」を要塞化したりした。防人の運用が始まったのもその防衛力強化の一環だった。防人として徴発されたのは常陸《ひたち》国、下野《しもつけ》国、上総国、下総《しもうさ》国、遠江国など東国十カ国の農民男子で総勢は二千人を超えていた。

東国から徴発されたのには理由がある。先の白村江の戦いでは九州や中国・四国地方など西国方面から大勢の兵士が動員され、しかも戦いに敗れたことで大きな痛手を被《こうむ》っていたからであった。

▼給料はなく食い扶持は自前で賄う

防人として動員された兵士たちは、それぞれの国司《こくし》（地方官）、または国司が任命した部領使《ことりづかい》と呼ばれる輸送指揮官に引率されて難波津《なにわのつ》（大坂湾）まで行き、そこから船で大宰府など赴任地を目指した。大半が単身赴任であった。また、移動中の食料は自弁だったという。

兵士たちは赴任地に到着すると、武具のほか耕作地と農具を与えられた。日々警備活動に従事する傍ら、自分の食い扶持《ぶち》くらいは自分で賄《まかな》えということだった。任期は三年とされ、三年ごとに半分ずつ交替する決まりだった。この三年という期間は行き帰りに要した期間を含まず、赴任先で丸三年務めあげることが条件だった。

それでも任期を全《まっと》うすれば約束どおり三年で帰れるはずだったが、きっちり三年で帰れることはまずなく、何かと理由をつけてずるずると引き延ばされたという。現代ならとんだブラック企業である。

おまけに、国のために働いているのに給料などはなく、税の免除などの特典もなかった。したがって残った家族が税を負担した。家族にとっては農家の大事な働き手をとられたばかりか、税も普通にとられるというので、何とも間尺《ましゃく》に合わなかった。

無事に任期を終えて帰郷する場合も国は冷たく、付き添いなどは一切なかった。

そのため途中で行き倒れて死んだ者も少なくなかったという。

▼ほっと一息ついたのも束の間……

この防人の制度が廃止になったのは天平《てんぴょう》九年（七三七年）のことだった。それにはある疫病《えきびょう》が関係していた。その二年前のことだが、九州北部で外国からもたらされた天然痘《てんねんとう》が猛威をふるい、防人たちにも大きな被害を与えた。しかも、その後この疫病は全国的に蔓延《まんえん》したため、防人のような人の大量移動は取り止めと決まったのだ。一説に、このときの天然痘によって、当時の総人口の二五～三五パーセントにあたる百万～百五十万人が死亡したと推計されている。

こうして東国方面の農民は、ただつらいだけの兵役からようやく解放されたわけだが、ほっと一息ついたのも束の間、また別の兵役や軍事負担が襲い掛かってくる。八世紀後半から九世紀初頭にかけて大規模な蝦夷《えぞ》（東北）征伐が繰り返され、そのつど東国の人々は大きな負担を強《し》いられたのであった。

○上皇の身辺警護が目的だった「北面武士」がやがて解体されるまで

▼武士が飛躍するきっかけとなる

願はくは花の下にて春死なむその如月《きさらぎ》の望月《もちづき》のころ

この歌でも知られる平安時代末期の歌人、西行《さいぎょう》法師。万葉歌人を代表する柿本人麻呂《かきのもとのひとまろ》、俳聖と称される松尾芭蕉《まつおばしょう》と並んで「日本三大詩人」にも数えられる人物だ。そんな西行が、出家する前の佐藤義清《さとうのりきよ》と名乗っていたころに所属していたのが、「北面武士《ほくめんのぶし》」と呼ばれる武士集団である。

この北面武士の存在が、のちに平氏や源氏などの武士階級が飛躍をするきっかけとなったことは歴史上の事実である。本稿では、北面武士の誕生から、終焉《しゅうえん》までその実態に迫ってみよう。

▼わが国初の院政の始まり

北面武士とは、上皇《じょうこう》や法皇《ほうおう》のすまいである院御所に侍《はべ》り、身辺警護を務めた武士のことで、いわば貴族のボディーガードである。ちなみに、天皇は退位すると上皇（院とも呼ばれた）となり、さらに出家すると法皇となった。

平安時代後期、白河《しらかわ》法皇がこの北面武士を創設した。もともとは寺社の強訴《ごうそ》を防ぐのが狙いだった。白河法皇とは、延久四年十二月（一〇七三年）に第七十二代天皇となった人物。その後、応徳三年（一〇八六年）の三十四歳のとき、息子の善仁《たるひと》親王《しんのう》（七十三代堀河《ほりかわ》天皇）に譲位したが、堀河帝はまだ幼かったため、上皇（のち法皇）となった白河が幼帝の後見となって政務をみた。これこそ院が天皇に代わって政治を行う「院政」だ。結局、この白河法皇の院政は堀河天皇、鳥羽《とば》天皇、崇徳《すとく》天皇と三代にわたり、都合四十三年間も続くことになった。これがわが国における院政の嚆矢《こうし》とされている。

北面武士のはっきりとした創設時期はわかっていないが、白河法皇の政治介入に批判的だった関白・藤原師通《ふじわらのもろみち》が亡くなって摂関家《せっかん》（摂政・関白の地位を独占した最高位の家柄）が弱体化した康和年間（一〇九九〜一一〇四年）とみられている。院御所の北面（北側にある部屋）を詰所としていたことから、北面武士と呼ばれた。

創設当初こそ近習《きんじゅう》や男色の相手をする寵童《ちょうどう》など院の身近な者が中心だったが、そのうち、これが中央政界への出世の好機と判断した源氏や平氏などの軍事貴族が武士団を引き連れて加わるようになり、一気に膨張した。

▼白河法皇を嘆かせた延暦寺の強訴

さて、創設理由の寺社の強訴対策についてだが、強訴とは「為政者《いせいしゃ》に対し、徒党を組んで強硬に訴えること」（『広辞苑』第七版より）とあるように、この時代、僧兵や神人《じんにん》（神職）たちは、仏神の権威を笠に着て集団で朝廷に押しかけ、自分たちに都合のよい要求を認めさせようとする行為が頻繁にみられた。とりわけ、奈良の興福寺《こうふくじ》と比叡山延暦寺《えんりやくじ》は強訴の常連組だった。

強訴の理由だが、寺社が各地に所有する荘園が国司（地方官）から侵害されるのを防ぐためであったり、競合する寺社が自分たちよりも朝廷から優遇されていると感じたりした場合に強硬手段に打って出た。大抵の場合、鎧《よろい》や長刀《なぎなた》で武装した体格のよい下級僧侶たちが徒党を組んでやって来るため、争いごとが嫌いな公家たちはすっかり怖気《おじけ》づいてしまった。白河法皇も、「賀茂河（鴨川）の水、双六《すごろく》の賽《さい》、延暦寺の山法師。この三つばかりは朕《ちん》が意のままにならない」と嘆いているほどだ。

そこで、武力に対抗するには武力と、北面武士を創設した次第。鳥羽帝の御代《みよ》には延暦寺の強訴を防ぐため白河法皇は、賀茂河原に一千人余の北面武士を派遣しているが、このことから推《お》して相手の延暦寺側の勢力が尋常でなかったことがうかがえる。元永元年（一一一八年）の出来事である。

▼後鳥羽上皇が創設した西面の武士もあった

白河法皇によって創設された北面武士だったが、鎌倉時代の承久《じょうきゅう》三年（一二二一年）、「承久の乱」で朝廷が幕府に敗北すると、朝廷側の北面武士は一気に衰退する。規模が大幅に縮小され、単なる御所の警備隊と成り果てる。その後、時代の変遷とともに警備隊の機能も失っていくが、なぜか江戸の幕末に至るまでその名は名目として残っていたという。

公家の走狗《そうく》となり、強訴対策に利用されるだけの北面武士だったが、そんな立場が弱かった武士たちもやがて武力を背景に政界でも発言力を強めていくようになる。伊勢平氏の平忠盛《たいらのただもり》（清盛《きよもり》の父）はその典型である。この北面武士が、やがて到来する武家の世を呼び込む一つのきっかけになったことは間違いないだろう。

なお、正治《しょうじ》二年（一二〇〇年）に後鳥羽《ごとば》上皇が、鎌倉幕府に対抗するため「西《さい》面武士《めんのぶし》」を創設していたことを付記しておく。院御所の西側に詰め所があったことから命名されたものだ。承久の乱ではもちろん北面武士と共に朝廷側について戦ったが、敗れると幕府によって解体させられている。

○江戸市中を火災から守った「大名火消し」と赤穂浪士の意外なつながり

▼江戸には大火が起きる条件がそろっていた

江戸は火事が多い都市だった。同じ大都市の京都や大坂と比べてもそれは飛び抜けていた。江戸の二百六十五年間に、焼失直距離十五町（約一・六キロメートル）以上の大火が八十九件（三年に一回ペース）もあったことが記録されている。

これにはいくつかの理由が考えられるが、まず、冬から春先にかけて北方からの「空っ風」が吹いて乾燥しやすいという江戸特有の気象条件。次に燃えやすい簡素な木造住宅が密集していたことも大きく影響していた。なにしろ江戸という都市は全体の約七割までを武家地が占め、残り三割を寺社と庶民が半分ずつ分け合っていたのだ。その一割五分ほどの狭いスペースに最も人口が多かった庶民がひしめき合って生活していたわけで、いったん火事が起これば類焼被害は甚大なものとなった。

こうした火事が起きた際、その消火活動に当たっていたのが、テレビ時代劇などでおなじみの「町火消し」である。しかし、これとは別に武家が組織した「武家火消し」というのもあった。本稿では、その武家火消しの中でも、幕府から課役《かえき》として特定の大名家に命じられた「大名火消し」について述べてみたい。

▼幕府直轄の火消し組織には「定火消し」もあった

実は、大名火消しは町火消しよりも古くから存在していた。「いろは組」で知られる町火消しは、八代将軍・徳川吉宗《とくがわよしむね》の時代、当時南町奉行だった大岡越前守《おおおかえちぜんのかみ》忠相《ただすけ》が享保五年（一七二〇年）に編成したとされている。一方、大名火消しは三代将軍・家光《いえみつ》の時代の寛永六年（一六二九年）に始まった、火事が起きた際に特定の大名家を出動させる「奉書火消し」《ほうしょ》を前身とし、同二十年（一六四三年）に制度化されている。

さらに万治元年（一六五八年）になり、もう一つの武家火消しとして旗本が担当した「定《じょう》火消し」が創設された。この定火消しは、冬場に多い北からの空っ風による延焼を防ぐため、江戸城の北方に当たる小石川や御茶ノ水などに配備された。大名火消し同様、担当区域であれば、武家地・町人地にかかわらず消火活動に当たった。

さて大名火消しのもとになった奉書火消しだが、その意味は、火事が起きた際、老中の名で奉書を消火活動を担当する諸大名あてに送り、一度招集した後、はじめて消火に当たらせるという悠長なものだった。彼らの担当区域は江戸城をはじめとして武家屋敷、神社仏閣などに限られ、町人地の火事に出動することはなかった。

ところが、寛永十八年（一六四一年）に京橋・桶町《おけちょう》から発生した大火事（通称・桶町火事。町九十七、武家屋敷百二十三を焼き尽くす）をきっかけに幕府は初動体制を含め江戸の消防体制の根本的な見直しを迫られることになった。

▼火事現場でお色直しをした殿さまも

幕府は奉書火消しを担当する大名と協議を重ね、新たな火消し役として六万石以下の大名から十六家を選んで一番組から四番組までの四組に編成。そして、それぞれ一万石につき三十人ずつの火消しの者を出すこととし、一組の定員を四百二十人と決めた。こうして大名火消しが始まったのである。

いったん火事が起こると火元に近い大名が現場に急行し、武家地・町人地にかかわらず消火活動を行った。

殿さま自らが出動して現場の指揮に当たるのが決まりで、家来や火消しの者たちを率いた殿さまが物々しい火事装束に身を固め、まるでこれから戦場に出陣するかのように威風堂々と現場まで行進するのが慣例だった。

その大名火消しの行列見たさにやじ馬が沿道を埋めるほどで、出動の回を重ねると殿さまたちもそうしたやじ馬の視線を意識するようになり、ほかの大名火消しへの対抗心もあって行列はどんどん華美なものになっていった。

なかには、昨今の結婚式の「お色直し」ではないが、火事現場で衣装を着替えた殿さまもいたらしい。そのため火事場がやじ馬で一層混乱し、何のための消火活動かわからなくなってしまった。

そんな火事大好きの殿さまのなかでも、ピカ一と言われているのが、三代家光と四代家綱《いえつな》の二人の将軍に仕《つか》えた、播磨《はりま》国赤穂《あこう》藩初代藩主の浅野長直《あさのながなお》である。

▼屋根に飛び込んで押しつぶし類焼を防ぐ

赤穂藩の浅野家と聞いてピンとくる人も多いはず。そう、浅野長直は、あの忠臣蔵――赤穂事件で原因をつくってしまった浅野内匠頭長矩《たくみのかみながのり》の祖父に当たる人物だ。大名火消しとなった長直は普段から家中で家来を集めて消火訓練を怠らなかったほどの「火事好き」だった。

長直の火事場での逸話にこんなのがある。火が迫ってくるのをものともせず、近くの建物の屋根にのぼった長直は、高所から火消しの者たちをしきりに鼓舞《こぶ》激励していたが、眼下にあった物置に火が燃え移ったのを認めると、そばにいた家来と共に一瞬の躊躇《ちゅうちょ》もなくその物置の屋根に体ごとドスンと飛び込んで押しつぶし、類焼を防いだという。まさに、アクション映画のヒーローそこのけの活躍ぶりである。

この赤穂浅野の大名火消しは、ほかの大名火消しとは一線を画す消火上手だったらしく（とは言っても当時は建物を壊して火を消す「破壊消火」が基本）、江戸の庶民の間では「赤穂の火消しが来たから、もう一安心だ」と言われるほどだった。以来、この赤穂浅野家の消防活動は「お家芸」となった。孫の内匠頭にもしっかり受け継がれ、彼もまた家来たちが辟易《へきえき》するほど消火訓練に熱中したという。後年、大石内蔵助《おおいしくらのすけ》ら四十七士はそろいの火事装束で吉良邸に討ち入ったとされているが、火事好きの亡君に義理立てしてのことだったのかもしれない。

◇

大名火消しが創設されて十四年後の明暦三年（一六五七年）、いわゆる「明暦の大火」が起こり、江戸城天守は焼失、死者が十万人を超えるという、江戸は古今未曾有《みぞう》の大火災に見舞われる。

この大火災を契機として幕府は、大名火消しだけではとてものこと江戸を火災から守れないと痛感し、先述したようにもうひとつの武家火消しである定火消し、さらに庶民が主体となった町火消しを創設することになるのであった。

○江戸の治安を守る「火付盗賊改方」が、それでも庶民から蔑まれたウラ事情

▼町奉行所があるにもかかわらず……

池波正太郎の『鬼平犯科帳』といえば、時代劇ファンには根強い人気をもつ長編時代小説である。主人公で火付盗賊改方《ひつけとうぞくあらためかた》（通称・火盗改《かとうあらため》）の長官・長谷川平蔵《はせがわへいぞう》は江戸の中後期に実在した人物で、物語の中では凶悪な盗賊などから「鬼平」と怖れられる半面、止むに止まれぬ事情で罪を犯した者に対しては寛容で情け深い配慮を見せるという、酸いも甘いも嚙み分ける江戸のスーパーヒーローとして描かれている。

この長谷川平蔵が率いた火盗改とは一体どんな組織だったのだろうか。火付や盗

賊を捕まえた警察組織であったことは何となく知っていても、その組織の実態はほとんど知られていない。江戸のいつごろに登場し、同じような警察組織である町奉行所があるにもかかわらず、なぜ新たに創設されることになったのか。どんな人物が長官に任命され、その手先としてどんな人たちが犯罪者の追捕《ついぶ》に当たったのか……など疑問は尽きない。

本稿ではそうした火盗改に関する様々な謎や疑問を解明していこうと考えている。

▼本役に格上げされたのは幕末になってから

火盗改が登場するのは四代将軍・家綱《いえつな》の治世下、寛文五年（一六六五年）のことである。以来、一時的に廃止されることはあったが、幕末の慶応二年（一八六六年）まで、なんと二百一年間も存続した。

はじめは幕府の職制上の役職ではなく、番方《ばんかた》（武官）の上級武士である先手頭《さきてがしら》が本来の職務と兼務したことから、たんに「加役」と呼ばれた。火付盗賊改方という名称もなく、関東強盗追捕、盗賊考察、盗賊改、火賊考察……など様々な名が付けられた。火付盗賊改方の職名が用いられるようになったのは幕府中期以降である。

さらに、晴れて「加役」の二文字が取れ、専任の本役に格上げされたのは幕末の文久二年（一八六二年）からであった。

寛文五年に火盗改の初代長官として任命されたのが、水野小左衛門という人物。先手弓頭で五百石を頂戴していた。当時、常陸《ひたち》の下館《しもだて》（現茨城県筑西市）あたりに跳梁跋扈《ちょうりょうばっこ》する強盗を追捕するために幕府から派遣されたのだった。以来、元治元年（一八六四年）に任命された戸田与左衛門正意《まさおき》まで、長官の数はのべ二百四十人を数える。事件が多いと二人の長官が同時期に務めることも珍しくなかった。

長谷川平蔵も本来は先手弓頭の職務にありながら、天明年間から寛政年間にかけて、九年間（一七八七〜一七九五年）にわたって長官を務めている。歴代の長官たちはほとんどが一〜二年の在職だから、長谷川平蔵の場合は異例の長さだった。

▼江戸を飛び出して捜査することも

火盗改の歴代長官二百四十人の内訳だが、なかには一千石以上の大身旗本もいるが、大半は長谷川平蔵同様、四百〜七百石取りの有能な旗本の中から選抜された。いったん任命されると若年寄支配（幕末期には老中支配）となり、役高千五百石と役料四十人扶持《ぶち》（のち六十人扶持）、さらに目付の上席の格式を与えられ、本務は免除された。

火盗改の陣容は、与力十騎、同心四十人（のち五十人）で、先手組の部下から選ばれた。これは町奉行所の半分以下であった。彼らの普段の仕事だが、江戸市中を巡回し、火付、盗賊、博徒《ばくと》の探索に当たった。こうと見込んだ被疑者を逮捕すると、取り調べたのち処分を下す裁判権までも有していた。

市中の治安を守るという意味では町奉行所と職務は同じだが、火盗改の場合、火付や盗賊など凶悪犯を相手にするため、逮捕活動の際、手に余れば斬殺することが認められていた。そのため所属の与力・同心の中には剣術や逮捕術に優れた猛者《もさ》が多くいたという。また、町奉行所の職務権限が江戸の町人地に限られていたのに対し、火盗改のそれは江戸を含む関東全域に及び、必要があれば与力・同心を地方に派遣して捜査を行わせる例も珍しくなかった。

▼凶賊に対し情け容赦なく取り締まる警察組織

そもそもなぜ家綱の治世下に火盗改が創設されたかというと、明暦三年（一六五七年）に江戸で起こった「明暦の大火」（振袖火事《ふりそでかじ》）が関係していた。火事が収まると、火付や強盗団などの凶賊が江戸に大勢流れ込み、市民を恐怖の底に陥れたのである。そこで、こうした凶賊を取り締まるには従来の町奉行所では手ぬるい。戦国時代を彷彿《ほうふつ》とさせる荒々しい武装集団が必要である、ということになり、凶賊に対し情け容赦なく取り締まる警察組織――火盗改が創設されたという次第。

その後も世の中が乱れてきたときほど火盗改の職務は忙しくなった。とりわけ、「天明の大飢饉《ききん》」（一七八二～八七年）によって一揆や打ちこわしが全国に拡大し物情騒然とした時期は長谷川平蔵が活躍した時期とほぼ重なっており、彼は在職期間が九年と長いこともあるが、一人で歴代の長官の中ではトップの二百件を超える大小の事件を裁いている。

火盗改が持つその荒々しさや泥くさい捜査手法から、市井《しせい》の人々は町奉行を「檜舞台《ひのきぶたい》」と呼んだのに対し、火盗改を「乞食芝居《こじきしばい》」と呼んで蔑《さげす》んだという。しかし、彼らの存在があったればこそ江戸の治安が守られたことは確かであろう。

◎「八州廻り」――泣く子も黙る〝江戸のFBI〟が創設されたある理由

▼座頭市も紋次郎もなぜ関東にこだわったのか

勝新太郎主演の『座頭市』といえば、幕末に現れた盲目の侠客《きょうかく》という設定で、按《あん》摩《ま》治療や博打《ばくち》をしながら諸国を旅して歩き、ときには仕込み杖から繰り出されるその神業的な抜刀術で土地の悪者を退治するという股旅物《またたびもの》の人気シリーズだ。

諸国を旅して、と書いたが、劇中で座頭市が旅をしたのは、一部の例外を除き、現代でいえば千葉県や群馬県など関東圏がほとんど。座頭市が大阪の道頓堀や金沢の兼六園で仕込み杖をふるったという話は聞かない。これは、中村敦夫の熱演で有名な『木枯し紋次郎』にしても同様だ。一体、座頭市も紋次郎もなぜそれほどまで関東にこだわったのだろうか。

本稿では、関東の村々を廻って治安維持活動の任務に当たった移動警察――関東《かんとう》取締出役《とりしまりしゅつやく》（通称八州廻り《はっしゅうまわ》）について語ってみたい。彼ら八州廻りは、座頭市や紋次郎など無宿人たちにとって、いわば天敵だ。そんな移動警察が、全国どこでもなく、なぜ関東にだけ配備されたのであろうか。八州廻りの活動ぶりと共に当時の関東だけが持っていた特殊性を解説していきたい。

▼一年のほぼ大半を巡視にあてる

八州廻りが設置されたのは江戸後期の文化二年（一八〇五年）のことだ。このころ、関八州と呼ばれる江戸周辺の八カ国（武蔵《むさし》、相模《さがみ》、上野《こうずけ》、下野《しもつけ》、常陸《ひたち》、上総《かずさ》、下総《しもうさ》、安房《あわ》＝現代なら一都六県）において無宿人や博徒《ばくと》、浪人などが跋扈《ばっこ》し、治安が著しく悪化していた。そうした犯罪者、もしくは犯罪者予備軍を取り締まるため幕府によって設けられたのが八州廻りである。その捜査権は幕府領（天領）、大名領、旗本領に関係なくどこであろうと制限なく及んだ。まさに、江戸のＦＢＩ――広域捜査官であった。

関東の代官所の吏員《りいん》（手附《てつき》・手代《てだい》）から選ばれた者がこの八州廻りを担当した。手附は本来小普請《こぶしん》組と呼ばれる御家人で、手代は武士ではなく農家の優秀な次三男からスカウトされた男たちだった。同じ八州廻りでも、手代のほうに仕事熱心な者が多かったという。

最初、定員は八人だったが、年々増加し、幕末に近づくと臨時雇いも入れて三十人を超えることもあったらしい。

八州廻りになると事前に決めた土地に江戸の御用屋敷から数人単位で巡視に出て、ほとんど正月くらいしか江戸に帰らないという多忙な日々を過ごした。身分は足軽格なので給金は安かったが、巡視に出れば日当が入り、その際の諸費用はすべて各村が負担したので、金銭的に不自由はなかった。

▼治安は一時的に回復したものの……

身分はごく軽輩だったが、八州廻りには特別の権限が与えられていた。巡視の際は村々から徴発した男どもを従者とし、本来なら上級武士にしか許されない駕籠《かご》に乗り、大名行列さながらの威勢をふりまきながら村々を廻った。村人にとってはやたらと役人風を吹かせる八州廻りに対し、迷惑に思う者が多かったという。

実際に犯罪者の摘発はどのように行われたかだが、「泣く子も黙る」と怖れられたくらいだから、そこに微塵《みじん》も容赦はなかった。たとえば無宿人や博徒であるというだけで逮捕理由になった。逮捕したあと重罪なら江戸へ送り、罪が軽い場合は自らの裁量で「敲《たた》き」（犯罪者の体を文字通り笞《むち》でたたいた刑罰の一つ）などを命じる権限も与えられていた。

もしも手向かいなどしようものなら、その場で斬り伏せられたという。まるで、鬼平こと長谷川平蔵で知られる「火付盗賊 改 方《ひつけとうぞくあらためかた》」さながらの荒っぽさである。

こうした八州廻りの活躍で関八州の治安は一時的に守られたのは確かだが、決定的な抑止力とはならなかった。なぜなら幕末に向かうほど八州廻りは増員されており、それだけ犯罪件数が増加傾向にあったことを物語っているからだ。

八州廻りがなぜ犯罪の抑止力にならなかったかといえば、前述のように威張り散らす八州廻りのほうに問題があった。さらに村にとっては何かと要求される人的・金銭的負担も大きかった。それゆえ村人にさっぱり人気がなく、犯人逮捕には欠かせない情報提供が村人からほとんど得られなかったと言われている。

▼大小の土地がモザイク画のように入り乱れる

そもそも江戸も後期となって、なぜこの関東一円だけが治安の悪化を招いたのであろうか。それは一八世紀後半から一九世紀前半にかけて頻発した自然災害（天明の大飢饉《ききん》、浅間山の大噴火、天保の大飢饉など）が原因だった。関東一円はこうした自然災害の影響で農村が打撃を受け、特に小作人など弱い立場の農民ほど村を離れて無宿者となり、犯罪に手を染める者が続出する事態となったのである。

もしも罪を犯しても、当時の関東というのは犯罪者にとって隠れ家に困ることがない最高の土地だった。なぜなら、この当時の関東は、天領や大名領、旗本領など所有者が異なる大小の土地がそれこそモザイク画のように入り乱れており、たとえば天領で罪を犯した者が大名領や旗本領に逃げ込んでしまえば、それで追及の手は及ばなくなったのである。

これでは犯罪者が野放し状態である。冒頭で述べたように、座頭市や紋次郎などの無宿の渡世人が村から村へと自由に行き来できたのはこうした当時の関東だけが持つ特殊性に助けられたからだった。せめて天領に逃げ込んだ犯罪者くらい代官所のほうで摘発すればよさそうなものだが、代官所というのは本来、徴税業務のために存在する役所で警察業務は二の次だった。とてもとても、現状の人員で増え続ける犯罪に立ち向かうことは不可能だったのである。

◇

そこで困り果てた幕府は、天領・私領にかかわらず機敏に動き廻れるまったく新しい警察組織として八州廻りを設置したという次第。ところが、いざ蓋を開けてみれば、やたらと役人風を吹かせる八州廻りは村人から総スカンを食ってしまった。村の治安のためによかれと設けたものが、かえってその村人から敬遠されることになろうとは、幕府の見込み違いと言わざるを得ない施策の一つだった。

○どうして幕臣集団の「八王子千人同心」が、日光の警備にあたったのか

▼下級の警察官千人が集団で居住

東京都の西方にある八王子市といえば、全国有数の学園都市として知られているが、古く戦国時代には後北条《ごほうじょう》氏および徳川《とくがわ》氏から軍事拠点として位置づけられた城下町で、江戸時代には甲州街道の宿場町としても栄えていた。そんな八王子市の甲州街道沿いに「千人町」と名付けられた町がある。

町名は江戸時代、このあたりに「八王子千人同心」と呼ばれる幕臣が千人居住していたことに由来する。この八王子千人同心とはそも何者なのか。同心と名が付くくらいだから、『必殺仕事人』に出てくる中村主水のような下級の警察官の集団だ

ったと想像されるが、それ以上の彼らの実態についてはどうだろう。よほど日本史に詳しい方でもないかぎり、ご存じないはずだ。

本稿ではこの八王子千人同心と呼ばれた幕臣集団の誕生にまつわるいきさつ、そして普段どんな任務をこなしていたのかなどを探ってみた。八王子千人同心の最大の功績としては、今日では世界遺産にも登録されている日光東照宮を火災から守り抜いたことが挙げられるという。それは一体どういうことだろうか。

▼千人頭と平同心との間には厳然とした格差が

戦国時代、関東には北条早雲《ほうじょうそううん》に始まる小田原の後北条氏が覇者として君臨していた。武蔵国多摩郡の八王子もその後北条氏の勢力下にあったが、豊臣秀吉《とよとみひでよし》による小田原征伐で後北条氏が滅ぶと、八王子を含む関東は徳川家康《とくがわいえやす》のものとなった。

家康は関東に入国する際、織田信長《おだのぶなが》によって滅ぼされた甲斐《かい》国武田氏の残党を呼び寄せ、甲斐国境の防備と治安維持に当たらせた。天正十八年（一五九〇年）のことだ。当初は九人の頭《かしら》とおよそ二百五十人の平同心からなる組織で、これがそもそもの始まりだ。その翌年、頭が一人増えて十人に、同心は五百人となった。

さらに関ヶ原の戦い（慶長五年＝一六〇〇年）の直前に同心は一気に千人に増員され、晴れて八王子千人同心となった。ちなみに、このころの同心とは、下級の兵卒全般を指し、のちの中村主水のような町方同心とは少し意味合いが異なる。

十人の頭たちは「千人頭」と呼ばれ、一人で百人の同心を束ねた。彼らは将軍家に御目見《おめみ》えがかなう旗本格となり、二百〜五百石の知行地を与えられた。一方の平同心は十三俵一人扶持《ぶち》が給され、平時は八王子周辺の村に留まって本百姓として農耕に従事した。つまり半士半農の身分だ。したがって年貢もちゃんと納めたという。

彼らの主たる役割は前述したように甲斐国境の防備と治安維持だが、大きな合戦があったときはそちらに従軍した。「関ヶ原の戦い」と「会津征伐」、さらに「大坂の陣」にももちろん参戦している。

▼頭一人と同心五十人で半年ごとに交替

ところが戦《いくさ》のない平和が訪れると、千人同心の役割も大きく様変わりを見せる。幕府から、家康を祀《まつ》った日光東照宮の防火と警備の仕事を交替で行うよう命じられたのである。つまり、日光勤番だ。こうして千人同心は、承応《じょうおう》元年（一六五二年）

から幕末の慶応四年（一八六八年）に組が解体されるまでおよそ二百二十年間、日光東照宮の「火の番」を務めたのであった。

同心たちは八王子から日光に向かう際、北方の拝島（東京都昭島市）を経て、松山（埼玉県東松山市）、佐野（栃木県佐野市）を通った。三泊四日の行程だった。

また、実際の東照宮の警備だが、当初は千人頭二人に同心百人が付いて五十日ごとに交替した。しかし、のちに千人頭一人と同心五十人が半年ごとに交替する体制に改めている。

幕末の慶応四年四月、戊辰《ぼしん》戦争の一環で、日光にも板垣退助《いたがきたいすけ》率いる官軍が押し寄せてきた。しかし、当時千人頭だった石坂義禮《いしざかよしかた》の判断で交戦はせず、武器を差し出して恭順の態度を示し、東照宮を官軍側に明け渡している。ここで千人同心たちがもしも無謀な合戦を選択していたら、貴重な霊廟《れいびょう》は戦火に失われていたことだろう。

その意味では石坂の判断は正しかった。ところが、八王子に戻った石坂に対し、弱腰だと不戦をとがめる声が同心たちからあがり、その責任を取る形で石坂は自決してしまう。何とも不幸な出来事であった。今日、八王子市千人町にある興岳寺《こうがくじ》の境内でこの石坂義禮の功績を称える顕彰碑を見ることができる。

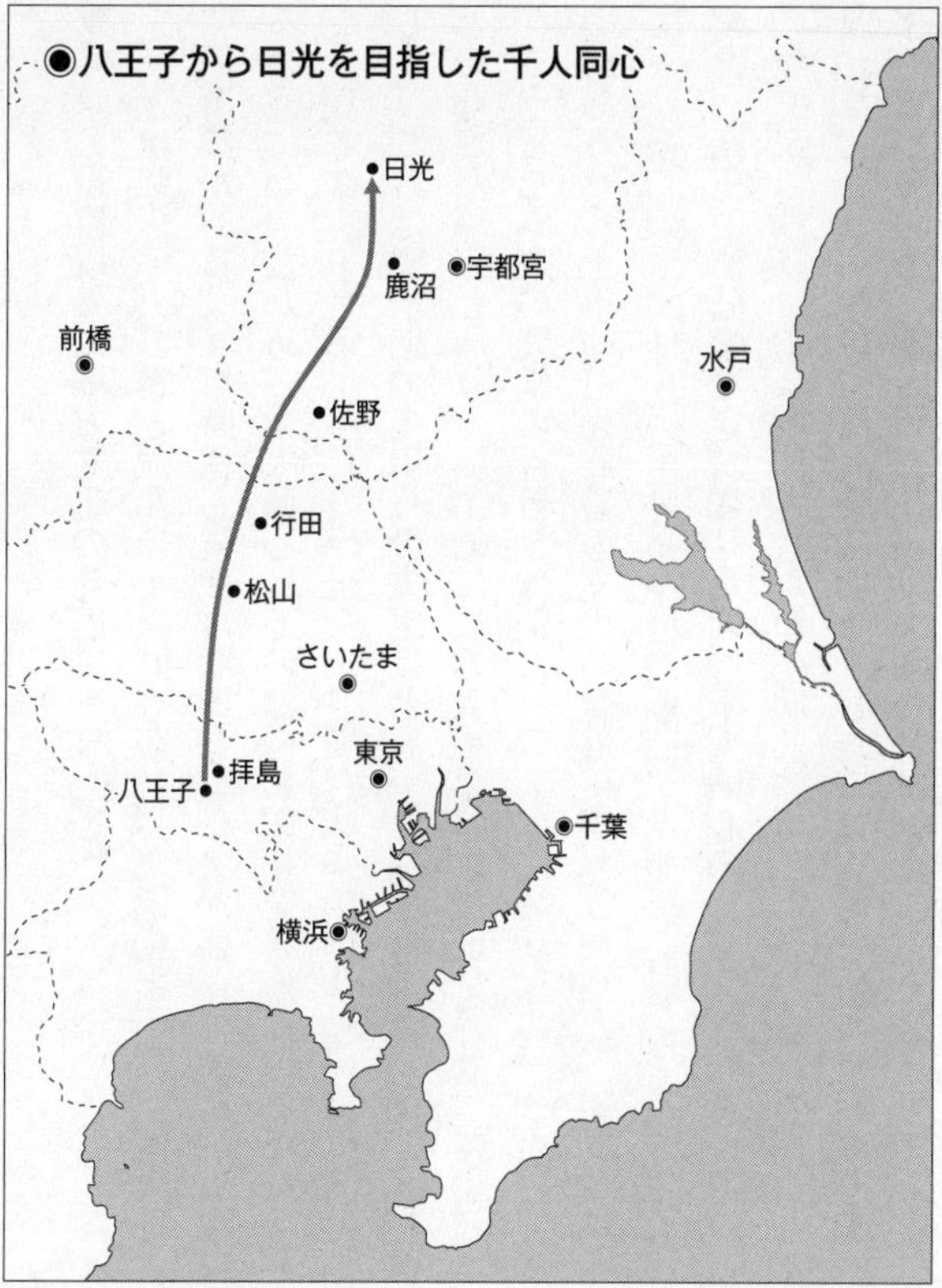

当初、同心たちはいったん江戸に出て千住を通って日光へ向かったが、やがて江戸には向かわず八王子から北上し、直接日光を目指すようになる。この行程により従来４泊５日だったものが１日短縮し、３泊４日となった。

▼本来の役目以外に地方文化の発展に寄与

日光東照宮の火の番と並んで千人同心が行った活動の中に、蝦夷地《えぞち》（北海道）の開拓事業がある。江戸時代も後期になるとロシアが盛んに蝦夷地近海に出没してくるようになったため、千人同心はその警備と開拓を幕府に願い出て、許されている。こうして寛政十二年（一八〇〇年）、一部の同心が現在の白糠町や苫小牧市に入植した。これは明治期の屯田兵《とんでんへい》の先駆けともいうべきものだったが、想像を超える冬場の寒さが障害となり、結果的にこの入植事業は失敗に終わっている。

こうした本来の警備の役目とは別に、千人同心の功績の一つとして挙げられるものがある。八王子や日光周辺の文化の発展に寄与した点だ。組頭や同心の中には知識人が多くいて、地誌の出版や学塾を開いて子弟を教育する者が少なくなかった。また、八王子に蘭学を定着させたのも千人同心の功績とされている。

慶応四年六月に組は解体されたが、同心のほとんどが農地を所有していたため帰農したという。今日、江戸時代のこうした千人同心とのまじわりを忘れないために、日光市と苫小牧市は八王子市と姉妹都市提携を結び交流を深めている。

○「新選組」の陰に隠れたもう一つの剣客集団「新徴組」とは？

▼謎のヴェールに包まれた警察組織

江戸の幕末期、特異な剣客集団が京都の治安維持活動に当たっていた。そう、近藤勇《こんどういさみ》を筆頭とする「新選組《しんせんぐみ》」である。これまで新選組の活躍ぶりは小説やドラマなどで語り尽くされた感があるが、新選組とほぼ同時期にもう一つの剣客集団による警察組織が東のほうで誕生していたことをご存じだろうか。それが、江戸市中の治安維持活動に当たった「新徴組《しんちょうぐみ》」である。

新徴組と聞いても、誰が隊長でどんな活躍をしたのか、あまり知られていないのが実際のところだ。しかしながら、今日、わたしたちは警察官のことを親しみをこめて「おまわりさん」と呼ぶことがあるが、実はこのおまわりさんの語源になったのが、新徴組だと言われているのだ。

本稿では、新徴組の旗揚げ理由と実際の活躍ぶり、さらに明治維新を迎えて組織はどうなったのかなどを探ってみた。

▼幕府、清河の提案を受け容れる

新徴組の誕生については、庄内藩（本拠地は山形県鶴岡市）出身の志士、清河《きよかわ》八郎《はちろう》という人物が大きくかかわっていた。作家・司馬遼太郎が代表作『竜馬がゆく』の中で、「幕末の史劇は、清河八郎が幕をあけ、坂本竜馬が閉じた」と記した、あの稀代《きだい》の策士、清河八郎である。実は清河は、新徴組・新選組、両方の旗揚げにかかわっていたのだ。その経緯《いきさつ》はこうである。

文久二年（一八六二年）八月、横浜で「生麦事件」が起こる。激怒した英国側が報復のため横浜に軍艦を差し向けるのではないかという噂が江戸市中で飛び交《か》うようになった、そんなさなかに、新徴組の母体となった浪士組が誕生した。

江戸や京都で尊皇攘夷《そんのうじょうい》運動が激化したことから、その対応に苦慮した幕府が、

「身分を問わず、優秀な人材を集め、乱れた京都の治安を回復し、将軍家茂《いえもち》の上洛を警護するための浪士組を結成すべし」との清河の提案を受け容《い》れ、江戸で結成したものだった。同年十二月のことである。

こうして誕生した浪士組は翌文久三年二月八日、初任務として、京都で将軍家茂を警護するため清河以下総勢二百三十人余で江戸を発《た》った。ところが、いざ京都に着くと清河は壬生《みぶ》の寺に一同を集め、こう宣言したのである。

「本当の目的は将軍警護にあらず。尊皇攘夷の先鋒になることである」――と。

そして、これから全員で江戸へ戻り、横浜の警備に当たろうではないかと呼びかけたのである。このとき弁舌が巧みな清河に言いくるめられ、ほとんどが賛成した。

ところが、清河の意見に異を唱える者たちもいた。それが近藤勇や土方歳三《ひじかたとしぞう》ら、のちの新選組につながる男たちだった。

▼本隊と袂を分かった近藤と土方

近藤らは「自分たちは将軍を警護するという約束で京都にやって来たのであって、それでは話が違う」と言い、そのまま京都に居残ることを主張した。こうして清河が率いる二百人余の本隊は近藤ら二十四人と袂《たもと》を分かち、東海道を下ったのである。

浪士組本隊が江戸に戻ると、噂を聞いて諸方から尊攘派の浪士が駆け付け、隊はあっという間に五百人ほどにも膨れ上がった。こうした状況を苦々しい思いで見ていたのが幕府だった。当初の約束どおり浪士組が京都の治安維持や将軍の警護に働くなら何の問題もなかったのだが、国が西洋列強と微妙な関係にある今、短絡的に西洋人と揉《も》め事を起こされてはたまったものではなかったからだ。

結果的に幕閣《ばっかく》の中で、首魁《しゅかい》である清河を排除すべしという声が高まり、佐々木只《ただ》三郎《さぶろう》ら幕府が放った刺客によって清河は暗殺されてしまう。それは、京都から戻ってまだ間もない四月十三日のことだった。享年三十四。

▼庄内藩へ厄介払いされる

清河を排除したとはいえ、浪士組そのものは健在だったため、その処遇に苦慮した幕府は、組織の再編成に乗り出した。新たに「新徴組」の名を与え、若年寄支配とし、江戸市中の治安維持活動に当たらせたのである。

ところが、隊士たちは日々任務をこなすうち、自分たちの行動が尊皇・佐幕のどっちつかずになってしまったことに気づいてしまう。その結果、自暴自棄となって通行人に乱暴を働いたり商家に飛び込んで押借り《おしが》り（無理やり金品を借りること。もちろん返さない）したりする者まで現れるようになり、何のための警察組織かわからなくなってしまった。

そこでまたまた困った幕府は、当時、江戸市中の警備活動を命じていた庄内藩に、新徴組をそっくり預けることにする。ていのよい厄介払《やっかいばら》いだった。

庄内藩は徳川四天王の一人の酒井忠次《さかいただつぐ》を祖とする酒井氏が統治する東北の雄藩で、藩兵は規律に厳しく、諸藩の中でも指折りの軍事力を備えていることでも知られていた。この庄内藩なら、乱暴者の集まりの新徴組であろうと難なく御《ぎょ》するに違いないと踏んだのである。

とにもかくにも、こうして新徴組は元治《げんじ》元年（一八六四年）から庄内藩酒井家の御預《おあず》かりとなる。このあたり、会津藩松平家の御預かりとなって京都の治安維持活動に当たった新選組とは、合わせ鏡を見るようにそっくりである。ただ一つ違ったのは、新選組にはある程度自主性が認められ、近藤ら幹部の命令で動いたのに対し、新徴組はあくまで庄内藩の命令で動いたことである。

▼毎日早朝から深夜まで休みなく巡邏

こうして新徴組は政治色が一掃され、治安維持活動一本にしぼられることになった。庄内藩の指導もあり、市民に乱暴を働くようなこともなくなった。組織の詳しい編成だが、一組が二十五人からなり（五人×五隊）、全部で六組あった。つまり全体で百五十人いたことになる。実際はこのほかに事務方が若干名いたとみられている。

一日に二組が出勤し、昼夜交替で市中を巡回した。屯所《とんしょ》（拠点）は現在の飯田橋のあたりにあった酒井家の長屋に設けていた。この百五十人で東は両国、西は内藤新宿（新宿）、北は浅草吉原、南は品川までの広い範囲（現在の山手線内のエリアにほぼ相当）をカバーした。こうした巡邏《じゅんら》活動は毎日早朝から深夜まで続けられ、正月休みさえもなかった。いずれも腕に覚えのある猛者《もさ》ぞろいで、もしも犯罪者を捕獲中に抵抗された場合、斬り捨てても構わないという許可を幕府から得ていたという。

こうした新徴組の地道な巡邏活動により、それまで江戸の庶民を悩ませていた不《ふ》逞《てい》浪士らの動きがぴたりと止んだ。新徴組の存在が江戸の治安回復に予想以上の効果を発揮したのである。彼らは使命感に燃えており、あまりの激務から自殺者が出ることもあったという。江戸の人々はそんな新徴組に対し、

酒井なければお江戸はたたぬ　御回りさんには泣く子も黙る

といったざれ歌をつくって感謝した。このときの御回りさんという呼称が、明治の世となって近代警察の巡査の呼称として受け継がれたのだという。

▼薩摩藩の江戸藩邸を焼き討ちする

慶応三年（一八六七年）になり、江戸や関東の各所で不逞浪士による放火や掠奪《りゃくだつ》、暴行などの事件が頻発するようになる。彼ら不逞浪士たちは、勤皇《きんのう》活動のために軍資金を借りるという名目で商家から金を奪うことが多かったため、「御用盗」と呼ばれ江戸の人々から怖れられた。これは薩摩の西郷隆盛《さいごうたかもり》が、幕府を挑発して開戦に踏み切らせるために「赤報隊《せきほうたい》」の相楽総三《さがらそうぞう》などをけしかけやらせたことだった。

江戸の治安を守る新徴組にとってこうした御用盗の存在は無視できないものだった。やがて、御用盗の背後に薩摩藩がいることを地道な探索によってつかんだ新徴

組は、幕府や庄内藩と合同で、三田にあった薩摩藩の江戸藩邸を焼き討ちする。同年十二月二十五日（西暦では一八六八年一月十九日）のことだった。この事件が戊《ぼ》辰《しん》戦争の発端になったわけである。のちに事件のことを知り、西郷は思わず会心の笑みをもらしたと伝えられる。

その後の新徴組だが、庄内藩士と同格の扱いを受けることになり、戊辰戦争では庄内藩兵として東北各地で新政府軍と戦った。しかし、大勢はすでに決しており、隊士のほとんどが戦死した。わずかに生き残った隊士はその後、庄内地方や北海道の開墾《かいこん》事業に汗を流したという。

◇

新徴組は、京都で活動した新選組と比べて確かに地味な印象をぬぐえない。はからずも薩摩藩邸の焼き討ち事件によって幕末を加速させた「責任」は否定できないが、幕末の動乱期、捨て身で江戸の人々の安全を守った彼らの使命感や職業意識の高さはもっと評価されてよいだろう。

第4章

いまだに輪郭がつかめない「影の組織」

○「悪党」——その組織の水面下で交錯したそれぞれの〝思惑〟

▼あくまで非正規の武士集団

鎌倉時代末期、「悪党」と呼ばれる、当時の幕府を大いに悩ませた集団があった。今日、悪党といえば、たんに「わるもの」を指すが、この時代には意味合いが少し違った。幕府や荘園《しょうえん》領主など権力者の支配に従わず、武装して侵入・侵略行為や年貢《ねんぐ》の略奪行為などを働く集団を権力者側が一括してそう呼んだのである。

悪党らは自身、「武士」を称していたが、鎌倉幕府とは正式な「御家人」関係を結んでおらず、あくまで非正規の武士集団（非御家人）であった。そんな悪党の代表格は、楠木正成《くすのきまさしげ》（河内《かわち》国）、名和長年《なわながとし》（伯耆《ほうき》国）、赤松円心《あかまつえんしん》（播磨《はりま》国）らの人々で、彼らはいずれも西日本で一定の勢力を持つ代々の豪族でもあった。

のちに彼らは後醍醐《ごだいご》天皇と結び付いて倒幕運動の原動力になったことはご存じのとおり。一体彼らはこのとき何を思って後醍醐に加担したのだろうか。悪党の成り立ちと共に、そのあたりの謎に迫ってみよう。

▼悪党が生まれた背景とは

悪党という概念は平安時代からあったとされているが、本格的に権力者側にとって厄介な存在となってきたのは鎌倉時代後期のことである。悪党が跋扈《ばっこ》するようになった背景にもいくつかあるが、何と言っても幕府の弱体化が挙げられる。

商品経済（貨幣経済）が盛んになったことで、それまでの土地を仲立ちとした将軍と御家人との間の主従関係が崩れたこと。鎌倉時代特有の土地の分割相続制度が破綻《はたん》したこと。二度に及ぶ元寇《げんこう》（蒙古《もうこ》襲来《しゅうらい》）で御家人たちは軍役に駆り出されたが、勝ち戦にもかかわらず何の恩賞ももらえなかったこと。鎌倉後期に天候異変による大規模な飢饉《ききん》が頻発したこと——などにより御家人を含むすべての階層の人々の不満が高まり、一気に幕府の弱体化を招いた。そしてそれと比例するように略奪や強請《ゆすり》などにはしる集団――悪党が現れるようになったのである。

こうした悪党を構成していたのは当初こそ非御家人が中心だったが、やがて生活に困窮した下級の御家人のほか、山僧、農民なども加わるようになった。なかには傭兵《ようへい》集団を擁する悪党までいたようである。

鎌倉・南北朝時代の播磨国の地誌『峯相記《みねあいき》』によると、播磨では悪党の活動は正安《しょうあん》のころ（一三〇〇年前後）から目立ち始めたと前置きし、「所々の乱妨《らんぼう》（暴力で物を奪い取ること）、浦々の海賊、強盗、山賊」などの行為を働き、その姿は「異類異形《いるいいぎょう》」で、およそ人間の姿とは思えない、と記録されている。

▼後醍醐の二度に及ぶ倒幕計画

こうした悪党の被害は特に畿内に多かった。東国は鎌倉幕府の睨《にら》みがきいていたからである。彼ら悪党の中には商工業や交通運輸業、あるいは金融業などに携わる者も多く、そうしたネットワークをフル活用して略奪行為などを働いたと見られている。

当然、幕府は何度も鎮圧に乗り出したが、悪党たちは神出鬼没でほとんど何の効果も得られなかったという。

そんな幕府側には厄介な存在でしかなかった悪党が突然歴史の表舞台に立つことになったのは、後醍醐天皇と結び付いたからであった。後醍醐は幕府が元寇などによって弱体化してきたのを好機ととらえ、天皇中心の政治に戻すため倒幕運動に乗り出す。

この倒幕計画は二度あり、最初が「正中《しょうちゅう》の変」（一三二四年）、二度目が「元弘《げんこう》の変」（一三三一年）と呼ばれるものだ。

この二度の倒幕計画はいずれも計画段階で幕府側に情報が洩れて失敗に終わる。「正中の変」では無罪とされた後醍醐も、「元弘の変」の失敗で今度ばかりは言い逃れできないと観念し、女装して御所を脱出、山城国笠置山《かさぎやま》で挙兵した。これに呼応し河内国下赤坂城で挙兵したのが、楠木正成であった。

正成軍約一千は、天然の要害に守られた千早城、上赤坂城、下赤坂城の三城を拠点に、押し寄せる幕府の大軍（『太平記』などには千早城攻めに百万の軍勢が城を取り囲んだとあるが、これはちょっと信用できない）に対し、お得意の奇計やゲリラ戦術で挑んだ。

▼足利尊氏と新田義貞の活躍で幕府が滅びる

最大の激戦となった千早城の籠城《ろうじょう》戦では、正成はおおよそ百日間も幕府軍を釘付けにすることに成功する。このことが幕府に不満を持っていた各地の反幕勢力や悪党たちに勇気を与え、続々と幕府に対し反旗を翻《ひるがえ》すのだった。

その最大の勢力が足利尊氏《あしかがたかうじ》である。もともと尊氏は播磨国の赤松円心討伐《とうばつ》のために出陣したはずの幕府側の人間だったのだが、何を思ったのか円心らの軍勢と合流し、京都における幕府の出先機関の六波羅探題《ろくはらたんだい》を攻撃するという挙に出る。同じころ、関東では上野《こうずけ》国の新田義貞《にったよしさだ》が鎌倉に侵攻した。

こうして元弘三年（一三三三年）五月、鎌倉幕府は滅亡した。しかし幕府が滅んだと言っても、後醍醐と尊氏は同じ夢を見ていたわけではなかった。新しい武家政権を樹立《じゅりつ》しようとする尊氏と、あくまで公家一統政権にこだわる後醍醐とはやはり水と油だったのだ。

尊氏は、後醍醐側についた楠木正成・新田義貞連合軍と戦って敗れ、いったんは九州へ敗走したもののすぐに再起し、摂津《せっつ》国湊川《みなとがわ》（兵庫県神戸市）において正成・

義貞連合軍を撃破。義貞はどうにか落ち延びたが、正成はそこで自害を遂げている。

このように後醍醐と尊氏との間の確執を巡っては、後醍醐側についた正成、尊氏側についた円心、といったように悪党の中でも去就《きょしゅう》は分かれてしまったが、そもそも彼ら悪党たちは後醍醐が笠置山で挙兵したときになぜ後醍醐側に加担したのだろうか。悪党たちは後醍醐の何に自分たちの未来をかけたのだろうか。

◇

ひとつの可能性として、後醍醐は、正成ら悪党たちに「夢」を見させてくれたのではないだろうか。今の政権では、お前たち（悪党）はいつまでたっても「土地の所有」を公認されない非正規の武士だ。しかし、自分（後醍醐）が政権を握れば、正規の武士として認めてやろう、という甘言で正成たちを味方に引き入れたのかもしれない。正成たちは後醍醐が提示してくれたその夢にすがりついた——。

赤松円心の場合、鎌倉幕府が滅んでからの後醍醐の行動に疑念を覚え、ナンバーツーの実力者の足利尊氏に乗り換える柔軟さを持っていたが、正成にはそれがなかったということだろう。

○「倭寇」が生まれた本当のきっかけと、その謎めく正体

▼日本のヴァイキングはどうやって誕生したのか

室町時代に日本と中国（当時は明《みん》朝）との間で行われた「勘合貿易《かんごうぼうえき》」については、学校で習ったはず。歴史上、中国との公式の貿易は、平安時代の八九四年、菅原《すがわらの》道真《みちざね》が遣唐使《けんとうし》の中止を決めてから行われていなかったので（平清盛《たいらのきよもり》が行った「日《にっ》宋《そう》貿易」は清盛の私貿易＝朝貢《ちょうこう》の形を取っていない貿易＝とみなされているため）、ざっと六百年ぶりの再開であった。

この勘合貿易を語るうえで、避けて通れない集団がいる。「倭寇《わこう》」である。おそらくこの倭寇についても授業でその概略《あらまし》を習ったはずだ。倭寇に対する一般的なイ

メージで多いのが、「日本のヴァイキング」とか「海のギャング」とかであろう。確かに彼らは、一三〜一六世紀にかけて、朝鮮半島や中国大陸沿岸部に出没し、略奪行為や密貿易を繰り返した悪名高き海賊たちであった。

一体、この倭寇という集団はいかにして歴史に登場し、どんな人たちで構成され、なにゆえ朝鮮や中国の人々を苦しめる略奪行為を働いたのであろうか。そのあっけない終焉《しゅうえん》にまつわる謎も含め、倭寇の真実の姿について語ってみたい。

▼日本の南北朝時代に本格的な活動が始まる

倭寇の二文字が初めて文献に現れるのは、『高麗史《こうらいし》』の高宗《こうそう》十年（一二二三年）五月の記述「倭寇金州（倭の海賊が金州を襲った、という意味）」だとされている。しかし、これ以上のことは書かれておらず、このときの事件の詳細は不明だ。一二二三年といえば日本では鎌倉幕府の初期のころである。

倭寇の活動が本格化してきたのは一四世紀半ば、日本では南北朝時代で、ご存じのとおり、朝廷が二つ、天皇が二人並立するという混乱の極みにあった時代だ。一方、朝鮮では半島を統一していた高麗王朝の時代である。このころの『高麗史』

忠定王庚寅《ちゅうていおうこういん》二年（一三五〇年）二月に「倭寇の侵、ここに始まる」と書かれ、半島沿岸の各地で倭寇の襲撃があったことが記録されている。

▼高麗王朝を滅ぼしたのは倭寇だった？

この当時の倭寇の被害は朝鮮半島の南部と西部の沿岸を中心に中国沿岸（黄海沿岸）にも及んだ。略奪の目当ては第一に米など穀物で、蔵や運搬途中の船が襲われた。その次に住民が略奪対象となり、捕虜にされたうえで日本へと売られた。

日本でこれら倭寇の根拠地となったのが、対馬、壱岐、肥前・松浦地方などで、規模は船二、三艘《そう》から、ときには数百艘の大船団で襲撃することもあったらしい。

一三八〇年九月には、阿只抜都《あきばつ》（韓国語のアギ＝「子ども」が語源か？）と呼ばれる、十五、六歳の美少年が頭目となった五百艘余りの大船団によって半島西部沿岸が襲われ、あげくには内陸深くまで攻め入られたことが、『高麗史』に記録されている。このとき、一艘に二十人乗っていたとして、阿只抜都はざっと一万人もの手下を引き連れていたことになる。もはや海賊の範疇《はんちゅう》を超えた国軍レベルと言ってよいだろう。

倭寇を構成していたのは根拠地を中心とした土豪や商人、職業的海賊、農民、漁民らで、朝鮮人や中国人の海賊も一部含まれていたことが記録によって明らかである。

こうした一四世紀後半に現れた倭寇を指して一般に「前期倭寇」と呼ぶ。高麗王朝は一三九二年に滅び、その後李氏《りし》朝鮮王朝へと移行するのだが、この一四世紀後半のわずか半世紀ほどの間に高麗王朝は四百件もの倭寇の襲撃を受けており、同王朝が滅ぶ要因の一つになったとも言われている。

▼海賊行為が始まった本当のきっかけとは

一四世紀半ばに倭寇が出現した理由だが、当時、日本だけでなく朝鮮や中国など日本の周辺諸国もまた激動期を迎えていたことと無縁ではない。お膝元の日本では、前述したように政権が分立した南北朝争乱時代にあり、中央から遠い九州にまで統制の目が行き届かなくなっていた。

一方、高麗王朝の場合、北からモンゴル帝国の圧力を長く受け続けたことに加え、二度にわたる元寇《げんこう》では日本侵攻の手先に利用されたことで国は疲弊しきっていた。

中国もまた、それまでのモンゴル人による征服王朝（元）から漢民族の手による新王朝（明）への移行期であった。それゆえ内外ともに倭寇の海賊行為を取り締まる余裕など持ち合わせていなかったのである。

このように日本と周辺諸国が政情不安に陥った影響で、「悪事に手を染めてでも手っ取り早く金を稼ぎたい」と考える無鉄砲な男たちが登場するようになり、朝鮮や中国を舞台にした密貿易や海賊行為が増えていったのである。

しかし、倭寇が活動を始めた本当のきっかけはそれらとは別のところにあったと説く研究者もいる。そのきっかけとは元寇である。つまり、一三世紀後半の元寇によって対馬や壱岐などの住民が、元軍の先鋒となった高麗兵によって大勢虐殺されたり捕虜にされたりしていた。

▼明による海禁政策によって活動を再開

対馬や壱岐の人々は当初こそ涙をのんでぐっと我慢していたが、一四世紀半ばとなり高麗王朝が弱体化してきたのを好機ととらえ、元寇の恨みを晴らすのはこのときとばかりに半島を急襲したのだという。

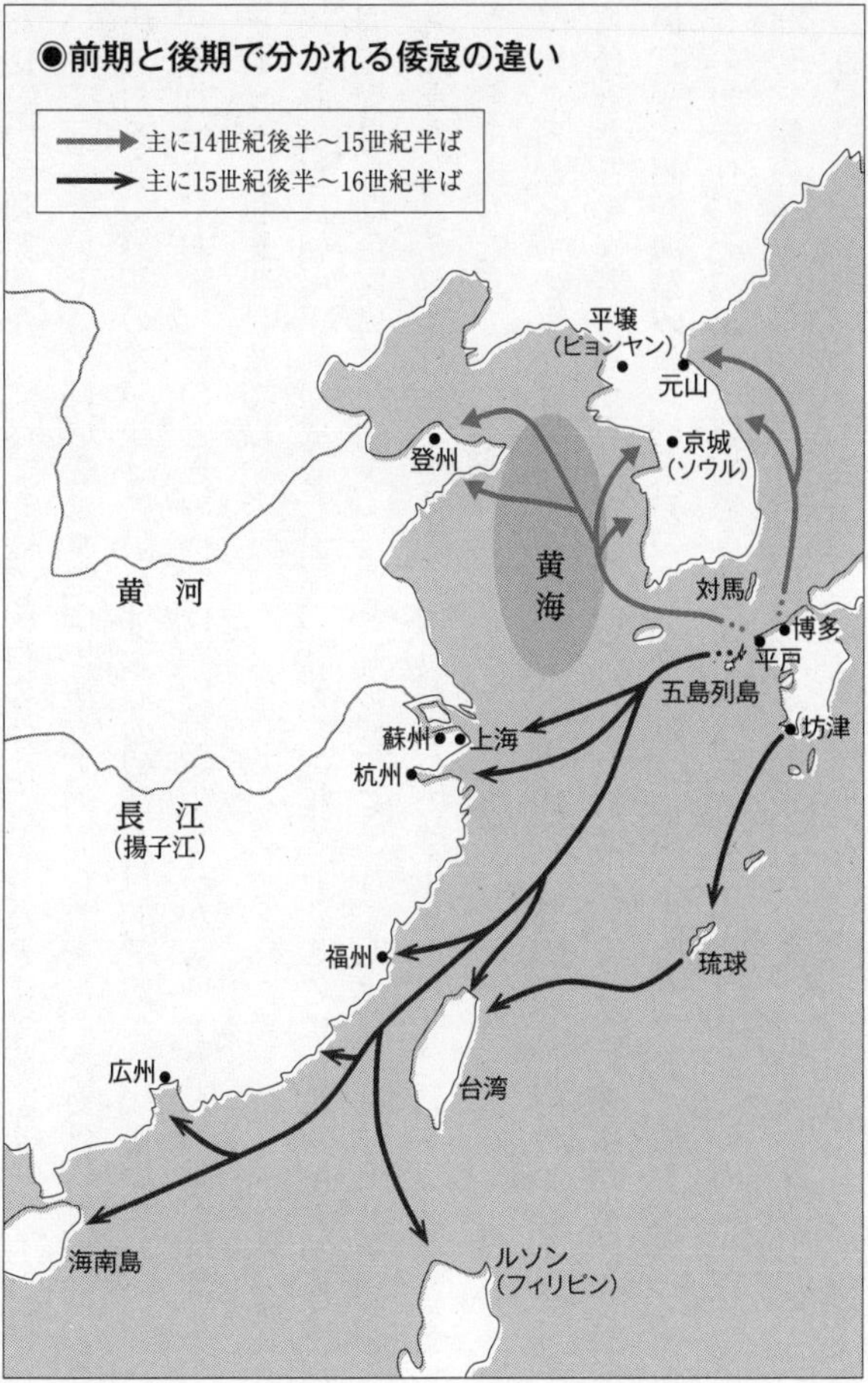
◉前期と後期で分かれる倭寇の違い
主に14世紀後半〜15世紀半ば
主に15世紀後半〜16世紀半ば
平壌
（ピョンヤン）
元山
京城
（ソウル）
登州
黄海
黄　河
対馬
博多
平戸
五島列島
蘇州
上海
杭州
坊津
長　江
（揚子江）
琉球
福州
台湾
広州
海南島
ルソン
（フィリピン）

倭寇の行動原理が、すべて元寇の報復のためであったとまで断言するつもりはないが、何もないところにいきなり他国に渡って海賊行為を働いたとは考えにくいため、おそらく最初のきっかけに限れば元寇の報復が目的であったに違いない。

それはさておき、このときの倭寇は一四世紀末ごろからいったん活動が沈静化し、それが一五世紀半ばまで続いた。

これは李氏朝鮮王朝が成立し沿岸の警備が強化されたことに加え、明と日本との間で交易（勘合貿易）が始まったことも影響していた。明は日本との交易を開始するにあたり、その条件として倭寇の取り締まりの強化を日本側に厳しく伝達してきたからであった。

ところが、海の平和が維持されたのもつかの間だった。一五世紀後半からまたぞろ倭寇たちの海賊行為が再開されたのだ。これには、いくつかの理由が挙げられているが、明が海禁政策（密貿易の取り締まり）に乗り出したことが最も大きいという。つまり、それまで密貿易でうまい汁を吸ってきた商人たちがこの海禁政策に反発し、船の積み荷などの略奪行為に出るようになったのだ。これを「後期倭寇」という。

▼後期倭寇の正体

前期との違いはその広範な活動域にあり、それまで朝鮮半島や黄海沿岸が中心だったものが、中国の特に江南地方（揚子江の下流域。代表的な都市は上海《しゃんはい》、杭州《こうしゅう》、紹興《しょうこう》、蘇州《そしゅう》、鎮江《ちんこう》など）や広東方面、さらに台湾や遠くフィリピンにまで及んだ。

後期倭寇を構成する人々も前期とは大きく異なっていた。密貿易を行う中国人商人が主力で、そこにポルトガル人やスペイン人、日本人や朝鮮人も加わった混成集団であった。日本人は全体の三割もいなかったと言われている。

彼らは日本の銀と中国の生糸の交易を行いながら、海賊行為にも手を染めた。いわば武装海商である。

この後期倭寇で主力となった中国人商人たちは日本の長崎・平戸や五島列島などに拠点を置き、いざ海賊行為を働く際は日本人に似せた扮装をして目当ての船に襲い掛かったという。かつて一四世紀後半に朝鮮半島を荒らし回った倭寇が再び現れたと相手に思わせたほうが仕事はやりやすかったからであろう。

後期倭寇の頭目で一番の大物が、王直《おうちょく》という名の中国人。彼は主に中国の江南地方を襲撃した。王直は普段、三百人以上も乗せられる大船を平戸の港に浮かべ、王侯貴族のような暮らしを送っていたという。

種子島に伝わった鉄砲にもこの王直が関係しており、さらに日本にキリスト教を伝えたイエズス会宣教師フランシスコ・ザビエルを日本に連れてきたのも王直だと言われている。

▼倭寇に引導を渡したのは秀吉だった

そんなわが世の春を謳歌《おうか》していた王直だったが、明朝政府の偽計にかかって捕らえられ、処刑されてしまう。一五五九年十二月のことである。さらに、明朝政府が海禁政策の緩和に乗り出したことで、倭寇の活動に歯止めがかかる。決定的だったのは、豊臣秀吉《とよとみひでよし》の「海賊取締令」だった。この禁令は天正十六年（一五八八年）七月八日、「刀狩令」と同じ日に布告されている。

この海賊取締令によって、瀬戸内海の海賊を含めた九州の倭寇たちも厳しく活動を制限され、やがて消えていく運命にあった。

ここまでみてくると、内外の政情不安につけこんで海賊行為を働いた日本人中心の前期倭寇と、明朝政府の海禁政策に反抗して海賊行為を働いた中国人中心の後期倭寇とは、倭寇は倭寇でもその実態は大きく異なることがわかる。

とかく倭寇というと「海のギャング」的な負のイメージが強いが、彼らが活動したこの時代、取り締まりの網目をかいくぐって様々な海外の品々が彼らによって島国の日本にもたらされ、政治や文化に少なからず影響を与えたことは疑いようがない事実である。

今日、倭寇に関してほとんど史料が伝わっていないのは残念だが、彼らの真の姿を再検討する価値は十分にありそうである。

◯庶民の伊勢参りの夢を実現させた「伊勢講」の仕組みの裏側は?

▼死ぬ前に一度は伊勢を訪れたい、が庶民の夢

江戸時代の庶民にとって「旅行」は最大の娯楽だった。江戸も元禄年間(一六八八~一七〇四年)に入ると社会が安定し、全国の大名に義務化した参勤交代によって各街道に宿場町が整備されたこともあって、庶民は寺社への参詣や温泉場への湯《とう》治《じ》を口実として頻繁に旅行——物見遊山に出かけるようになった。

そんな物見遊山のなかでも最大の羨望《せんぼう》の的だったのが、お蔭参《かげまい》りとも言われた伊勢参りである。「死ぬ前に一度は伊勢を訪れたい」が庶民の偽らざる願望であった。

そうは言っても、先立つものはお金。当時の旅は、飛行機や列車、車がある現代と

違って、移動手段は自分の二本の足だけなのでどうしても日数がかかり、必然的に食事代や宿泊代などが嵩《かさ》んでしまい、庶民には高嶺の花だったのである。

しかし、方法がないわけではなかった。その一つが、「伊勢講《いせこう》」である。伊勢参りを目的とした集団――講に所属し、定期的にお金を出し合って積み立て、一人もしくは複数の人が旅行できるほどの金額がたまったら、講の代表者を「代参」として伊勢参りに送り出す、というものであった。これなら、いずれは自分にも代参の番が回ってくるため、お金に余裕がない庶民でも伊勢参りが可能だったのである。

本稿ではこの伊勢講の歴史や仕組みについて詳しく述べてみたいと思う。

▼全人口の一割以上が伊勢参りを

本題に入る前に、江戸時代、庶民に伊勢参りがどれほど人気だったのかを簡単に紹介しておきたい。

この伊勢参りはもちろん毎年行われていたが、年によっては数百万人に膨れ上がることもあった。そうした全国津々浦々から参詣人が押し寄せた大規模な伊勢参りは江戸時代に都合四回起きていた。すなわち、慶安三年(一六五〇年)、宝永二年

（一七〇五年）、明和八年（一七七一年）、文政十三・天保元年（一八三〇年）のことである。ほぼ六十年周期であった。

なかでも宝永二年のケースは本格的な伊勢参りの始まりとされており、わずか二カ月間で三百三十万〜三百七十万人もの人々が伊勢を目指した。当時の日本の人口は約二千七百七十万人と推定されているため、全人口の一割以上の人々がこの期間に伊勢神宮を参詣したことになるのだ。

最後の四回目の文政十三・天保元年の伊勢参りは過去最大で、半年間で五百万人近い人々が参詣した。このときのブームはその少し前に出版され大ヒットした滑稽《こっけい》本『東海道中膝栗毛《ひざくりげ》』（十返舎一九《じっぺんしゃいっく》作）の後押しが大きかったと言われている。

江戸から向かった場合の日程だが、伊勢までの片道が十五日間、その後三日間ほど滞在し、さらに奈良や京都、大坂を回って、帰りは信濃《しなの》の善光寺に詣《もう》でるため中山道を通って江戸に戻るのが一般的だった。のべ約五十日間の長旅であった。

▼伊勢講自体は室町時代初期からあった

日々の宿泊代や昼食代、船賃、草鞋《わらじ》代、さらに帰りのお土産《みやげ》代なども含め、一日平均で一万円はかかったはずだ。途中の宿場で酒を飲んだりして散財すれば、さらに跳《は》ね上がることは言うまでもない。そうなると五十日分の旅行代金として懐《ふところ》に五十万～六十万円を持って旅に出たはずである（実際には現金を持ち歩かず両替商が発行する為替《かわせ》手形を利用した）。

これは現代ならハワイの新婚旅行の平均的費用に相当する金額だ。江戸庶民にとって、伊勢参りが高嶺の花であったことがこれでおわかりいただけよう。これだけの大金をどうにか捻出しようと始まったのが、伊勢講であった。

そもそも講とは、寺院内で仏典を講読・研究する僧の集団を指す言葉で、のちにその会合自体をそう呼ぶようになった。江戸時代の講には、「伊勢講」や「富士講」に代表される信仰に基づくものと、「頼母子《たのもし》講」「無尽《むじん》講」に代表される経済的相互扶助を目的とするものとがあった。今回、後者については触れずにおく。

伊勢参りを目的とした、講の結成が全国各地で本格化したのは江戸時代に入ってからだが、システム自体は室町時代初期からあった。これには御師（おし、おんしとも）という存在が大きく関係していて、この御師がいなければのちの伊勢神宮の発展はなかったかもしれないのだ。

▼伊勢講が始まった背景には何があった？

伊勢神宮専属のいわゆる「神宮御師」たちは全国各地に派遣され、伊勢信仰を広める活動と同時に参詣の勧誘も行った。庶民の心をつかむために彼らは行った先々で御神札《おふだ》や伊勢暦を配ったり豊作祈願を行ったり、ときには曲芸まで披露したりしたという。

こうした布教・勧誘活動の一環で、「お金がなくても伊勢に詣でられるよい方法がありますよ」と、現地での伊勢講づくりを熱心に勧めたのであった。

さらに御師たちは、自分が勧誘した講の人々が伊勢を訪ねてきた場合、自らの宿坊に迎え入れて、伊勢自慢の海の幸を並べた豪華な食事でもてなすなど一切の世話を焼いた。つまり、御師とは神宮と庶民の間を取り持つ総合旅行業者――それも世界初の――だったのだ。ピーク時にはこうした御師の宿坊は内宮《ないくう》、外宮《げくう》合わせて約七百軒あり、御師ののべ人数も二千人を超えていたという。

そもそも伊勢神宮がなぜこうしたユニークな布教・勧誘活動を始めるようになったかだが、それは室町時代に入り、一時的に神宮が存亡の危機に立たされたことと

◉東海道で唯一の海上航路——七里の渡し

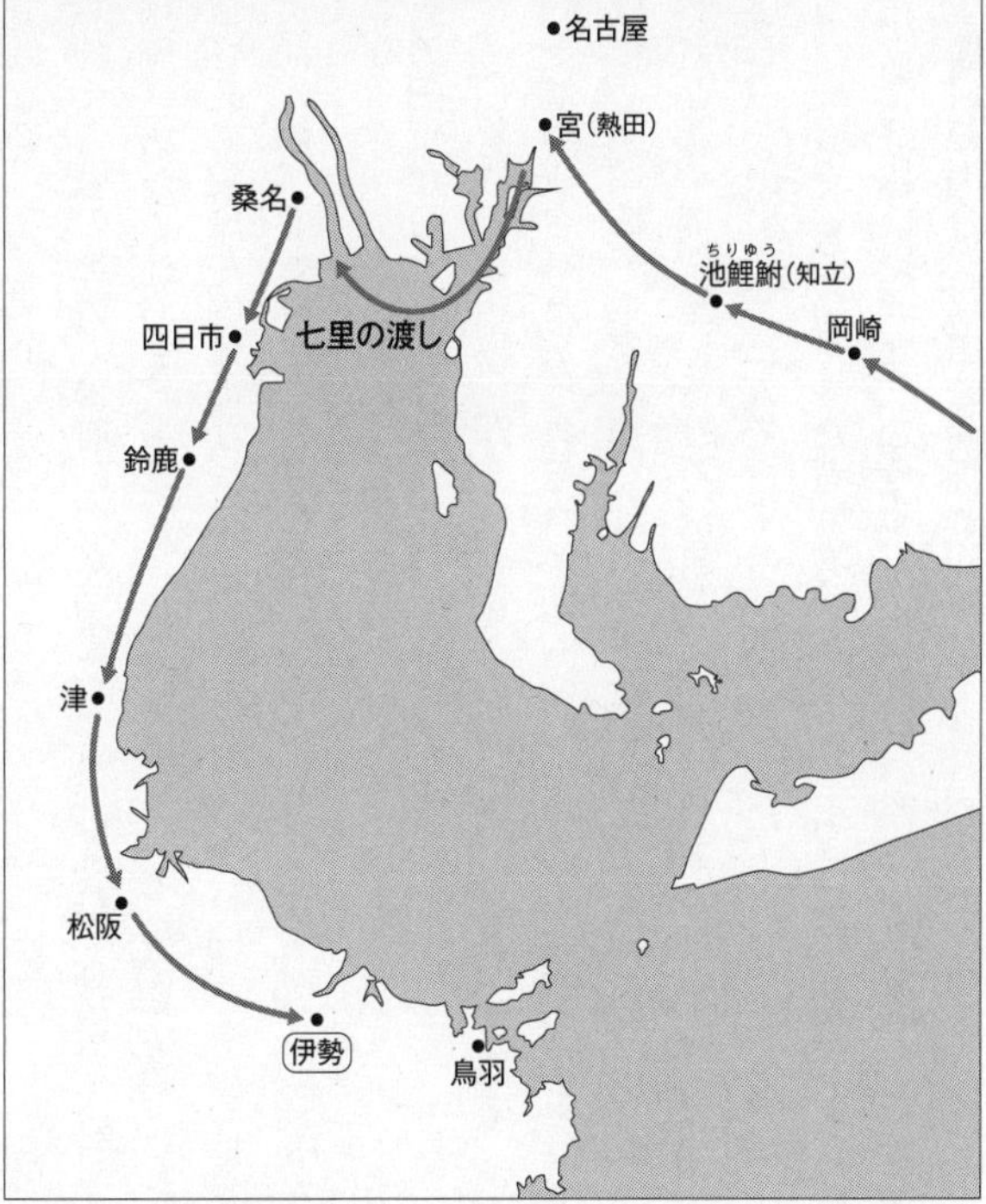

東海道41番目の宿場町「宮宿」（熱田宿）と次の「桑名宿」の間は、東海道で唯一の海上航路「七里の渡し」（約28キロメートル）で結ばれていた。伊勢に詣でる人々の大半がこの船便を利用した。脇街道もあったが、陸路では木曽三川を始め大小様々な河川が待ち受けており、スムーズな通行が困難だったためである。

無縁ではない。

打ち続く合戦の影響で幕府の力が弱まって世は乱れ、神宮が所有する荘園からの税収が見込めなくなってしまった。その結果、二十年に一度行われるはずの式年《しきねん》遷宮《せんぐう》でさえも実施が困難になった。こうした苦境を打開するために生み出されたアイデアが、御師を媒介とした伊勢講だったという次第。

▼共有の田畑からとれる作物を売って資金を稼ぐ

さて、伊勢講の仕組みだが、ほとんどの講は同じ地区の仲間で、集落で、仕事の仲間同士で結成された。それぞれ定期的にお金を出し合って積み立て、数カ月、ないしは年一回、皆で集まってくじ引きが行われた。このくじに当たった者が、全員の代参者となって伊勢に行ける決まりだった。代参者は一人ではなく、道中の安全を考慮し、一回に二、三人で行くのが通例だった。

また、一度くじに当たった者は次回からくじ引きに参加できない決まりで、それでも積立金は払い続けた。こうして全員がいつかは伊勢参りに行けるようになっていた。農村の場合、講田や講畑と呼ばれる共有の田畑をつくり、そこから収穫される作物を売って旅行代金にあてるケースも多かった。代参者が伊勢参りから戻ってくると、神宮から頂いてきた御神札が講仲間全員に配られた。これにより、全員が等しく神のご加護を受けたことになるという考えだった。

この伊勢参りという現象は、たんに江戸や地方に住む人々に旅行の楽しみをもたらしたばかりでなく、戻って来た者たちによって、京大坂や江戸（伊勢への行き帰りに江戸を経由した東北地方の人々も多かった）で流行中の着物の柄など最新のファッションや芸能、最新の農具、農作物の新品種のタネなどがそれぞれの土地にもたらされ、地方の農業や文化の発展に大きく貢献したことは否定できない。

江戸の経済発展を支えた「伊勢商人」の"ネットワーク"の実像

▼ここも伊勢屋、あそこも伊勢屋

三井、三越、イオン、にんべん、伊藤ハム、東洋紡、岡三証券……いずれも日本を代表する有名企業だが、これらの企業には共通点がある。すべて「伊勢商人」がルーツとされている企業ということだ。

伊勢商人は、大坂商人、近江商人と並ぶ「日本三大商人」の一つ。戦国時代中期に登場した伊勢商人は、徳川家康《とくがわいえやす》が新たに江戸の町づくりに乗り出すと、彼らもいち早く江戸に進出し、その後の江戸の経済発展に大きく寄与してきたのは疑いのない事実である。

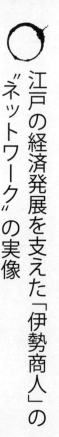

江戸期、「古着屋の伊勢屋」や「一膳めしやの伊勢屋」など伊勢を屋号にする各種の店が市中に多くあり、そこから「江戸に多きもの、伊勢屋、稲荷に犬の屎《くそ》」という言葉がはやるほどであった。ちなみに「伊勢屋」のほかに「越後屋」や「丹波屋」の屋号を掲げる店も大体が伊勢商人の店であった。

本稿では、この伊勢商人の草創期について述べてみたい。一体、伊勢商人というものはいつごろ、どうやって誕生し、どのようなネットワークを作り上げたのか。徳川家康との意外な関係とあわせてそのあたりの秘密を解き明かしてみよう。

▼「神君伊賀越え」で家康の危難を救う

伊勢商人の草創期、彼らを歴史の表舞台に引き上げてくれた恩人とも言うべき二人の人物がいる。

まず、徳川家康。「本能寺の変」が起こる直前、同盟者であった織田信長《おだのぶなが》に勧められ、わずかな供回りだけを連れて堺を見物していたときのことだ。明智光秀《あけちみつひで》の謀反《むほん》によって信長が討たれたとの急報に接し、驚愕した家康一行は光秀の追及の手から逃れるため、本領の三河国《みかわ》（愛知県東部）目指して一目散に駆けることになった。

家康一行は、落ち武者狩りの追撃を躱《かわ》しながら、伊賀国（三重県西部）の山中を抜けて伊勢湾岸の白子《しろこ》浜（鈴鹿市）というところに出る。そこから海路、三河を目指す計画だった。ところが一行が乗る船がない。困っていると、そこに文字通り助け船を出す人物が現れる。大湊《おおみなと》（伊勢市）を拠点とする廻船《かいせん》問屋、角屋《かどや》七郎次郎であった。

家康一行は角屋が用意した船に乗ると伊勢湾を突き切り、三河まで無事帰還することがかなう。これこそ家康の生涯のなかで史上名高い「神君伊賀越え」と呼ばれる危難の一つであった。

このときの功績により角屋は、のちに家康から「三つ葉葵《あおい》」紋の使用と、「持ち船は子々孫々に至るまで日本国中、いずれの浦々へ出入りするのも勝手次第」というお墨付きをもらい、晴れて徳川氏の御用商人となった。こうして角屋――伊勢商人の存在が家康の脳裏にしっかり刻み込まれたのであった。

▼近江商人が伊勢に進出

その後しばらくして、伊勢商人にとって恩人となる二人目の人物が現れる。蒲生《がもう》氏郷《うじさと》である。文武両面に秀でた氏郷は、織田信長と豊臣秀吉《とよとみひでよし》の権力者二人から立て続けにかわいがられた人《ひい》だった。

その氏郷が、「本能寺の変」の二年後、天正十二年（一五八四年）六月、秀吉の命令で、それまで治めていた、近江商人発祥の地の一つとされている近江・日野六万石から、伊勢・松ヶ島十二万三千石に移ることになった。このとき氏郷は、松ヶ島は地勢上、城下町としての発展性が乏しいと考え、松ヶ島の南約四キロメートルの小高い丘に新城を築き、松ヶ島の住人を強制的に移住させるなど城下町の建設に着手する。

こうして出来上がったのが、松坂（明治時代中期に松阪に改称）である。氏郷が、秀吉が作った大坂から一字もらって名付けたものだった。

面白いのは、氏郷が伊勢に入ったとき、氏郷の徳を慕《した》って行商を得意とする日野商人が大勢ついてきたことだ。氏郷が父賢秀《かたひで》から受け継いだ日野を治めたのは二年ほどだったが、この間、氏郷は旧主信長の例にならい、領内に楽市楽座制を導入するなど商人を手厚く保護した。それゆえ氏郷を慕う商人が多かったのである。

むろん氏郷は、松坂に移っても同様の楽市楽座制を導入し商業重視の町づくりを推進した。そうなると周辺の商人たちも集まってくるようになり、松坂は一気に伊勢を代表する商都となった。

▼伊勢木綿の製造・販売がルーツ

伊勢商人の歴史は戦国時代中期に始まる。このころ大陸から綿《わた》の種が伝来すると、伊勢地方は天候や土壌、肥料である乾鰯《ほしか》にも恵まれていた関係で綿栽培が盛んに行われた。そうなると紡織《ぼうしょく》技術も発展を遂げ、伊勢で織られた木綿生地——伊勢木綿を全国に売り歩くようになる。

女たちが家で機《はた》を織り、男たちがそれを売り歩くという分担だった。この男たちが伊勢商人のルーツだという。そのうち近江から移ってきた日野商人が加わったことで販売活動に拍車がかかり、伊勢木綿は全国に普及することになる。

家康が江戸で新たな町づくりに着手すると、こうした伊勢木綿に関係した商人を中心に、伊勢出身者が続々と江戸に進出した。このころ家康の地元である三河や遠江《とおとうみ》の商人も、先を争うように江戸に移ったのだが、それらに匹敵するほど伊勢商人の進出も多かったという。

それだけ伊勢商人が商魂たくましかったという証拠だろうが、その根底には「神君伊賀越え」で角屋七郎次郎が家康の危難を救ったことが少なからず影響していたはずだ。九死に一生を得たのも角屋の働きがあってこそ、と伊勢商人に対し感謝の気持ちを忘れなかった家康は、地元三河や遠江の商人と変わらない商売上の特権を江戸に進出してきた伊勢商人たちに与えたに違いない。そうとでも考えなければ、このころの伊勢商人の大量進出は説明がつかないのだ。

▼伊勢神宮との結び付き

江戸時代前期から中期にかけての兵学者、大道寺友山《だいどうじゆうざん》が著した『落穂集《おちぼしゅう》』に、「町屋出来候以後、表に懸《かか》り候のれんを見候へば、一町の内に半分は伊勢屋」とある。まさにこの当時の江戸の主要な商《あきな》い（木綿・呉服、材木、紙、酒、化粧品＝白粉《おしろい》など）はいずれも伊勢商人の半独占状態だったと言ってもよいだろう。のちに彼らの中には金融業・両替商となって、江戸の経済をけん引する者も少なくなかった。

江戸時代、これほど伊勢商人が隆盛した背景だが、むろん彼ら自身の頑張りもあるが、お伊勢さん――伊勢神宮との結び付きも軽視できない。伊勢商人たちは商売に関する情報を集めることに熱心で、その意味では毎年のように全国から大挙してやって来る伊勢神宮の参詣客の通り道に拠点を設けていたことが大いに役立った。

「伊勢は津でもつ、津は伊勢でもつ」と俗謡・伊勢音頭でうたわれた安濃津《あのつ》（津市）や松坂に居ながらにして、全国津々浦々の様々な情報が入ってくるため、それらを取捨選択して有用と思える情報を商売に役立てたのである。まさに伊勢は情報の集積地だった。

伊勢商人の多くが、江戸や大坂に進出した後も、本店を伊勢から頑《かたく》なに移さなかったことが、伊勢に居ることの重要性を痛感していた証《あかし》であった。

○「飛騨の匠」――名工集団の卓越した技術が現代に至るまで続いたワケ

▼奈良時代から千三百年の歴史

日本の国土は昔から美林に恵まれたお陰で、建築や彫刻など高度な木の文化が各地で連綿と受け継がれてきた。「飛騨《ひだ》の匠《たくみ》」で知られる岐阜県北部に位置する飛騨高山もそんな木工の里として有名だ。

飛騨といえば、日光東照宮の眠り猫を彫ったことでも知られる伝説的名工「左甚五郎」の生地とも言われているが、奈良時代の昔から二一世紀初頭の今日に至るまで、この地では甚五郎のような名工を次々と輩出してきている。

これは一体なぜだろうか。なぜこの飛騨だけが奈良時代から千三百年もの永きにわたって木工技術を受け継ぐことができたのであろうか。本稿では職人集団としての飛騨の匠の歴史をたどりながら、そのあたりの秘密に迫ってみよう。

▼法隆寺金堂の釈迦三尊像を制作

飛騨山脈の北側に位置する飛騨地方は豪雪地帯としても知られている。飛騨の名の由来に関してはいくつかの説があるが、山々が襞《ひだ》を成して連なっているからとも、あるいは田舎を意味する鄙《ひな》に由来するからとも言われている。

飛騨の匠の元祖とされているのが、鞍作止利《くらつくりのとり》という飛鳥時代の人物。彼の父・鞍《くら》部多須奈《べのたすな》は中国からの帰化人で、馬具作りを生業《なりわい》とする一族だった。この多須奈が推古《すいこ》天皇の命を受け、良材を求めて飛騨に入った。そこで地元の娘と出会って恋仲になり、娘はやがて男の子を出産する。生まれた子は鳥に似た顔をしていたので「止利」と名付けられた。

止利は長ずるに及んで都に上り、彫刻の技術を習得する。やがて仏師（仏像職人）となった止利は聖徳太子に気に入られ、太子の依頼でいくつかの仏像を制作する。その内の一つが、今に伝わる法隆寺金堂のご本尊「釈迦《しゃか》三尊像」（国宝）である。

る。

像の光背《こうはい》裏面に「止利という仏師が推古三十年（六二二年）に亡くなった太子をしのんで翌年に完成させた」といった意味の記述があるため、これは間違いのないところだ。そこから、鞍作止利は日本人で最初の本格的仏師と呼ばれることになったのである。なお、奈良県明日香村にある安居院《あんごいん》（飛鳥寺とも）本尊の釈迦如来《にょらい》坐像（飛鳥大仏、重要文化財）も止利の作と伝えられている。

▼通常の税を免除する代わりに労役を課される

飛騨の匠に関する記述が初めて文献に登場するのは、わが国が律令《りつりょう》制国家として整いつつあった奈良時代初頭、養老二年（七一八年）に制定された「養老賦役令《ぶやくりょう》」という法令の中であった。

当時の農民は中央政権に対し米や織物などを納めたり一定期間労役《ろうえき》についたりする決まり（つまり租庸調《そようちょう》）だったが、山国の飛騨は農耕に適さず、これといって特産品もなかった。

そのため政権側ではそれらを免除する代わりに、腕のよい樵《きこり》や大工が多かった土地柄を考慮し、匠丁《しょうてい》（木工職人）を奈良の都に差し出すよう求めた。都に彼らを呼び、宮殿や寺院の建築に当たらせようとしたのである。

こうして、五十戸ごとに十人を出すことになり、毎年百人が都に上った。最小単位は五人一組で、うち一人が炊事係、残りは木挽《こびき》や大工らの職人という構成だった。原則一年交代だったが、労働は過酷でほとんど休日なしで働いた。そのゆえ仕事のつらさに耐えかねて逃亡を図る者もいたが、概して飛騨の人々は文句も言わず黙々と働いたと言われている。

このように飛騨職人の労を惜しまないまじめな働きぶりや卓越した木工技術を目の当たりにして、いつしか都の人々は彼らのことを「飛騨の匠」と尊敬の意味をこめて呼ぶようになったという。

▼木造建築の黄金時代を築き上げる

この時代、飛騨の匠がいかにまじめに働いたかを裏付ける、こんな歌が万葉集に収録されている。

かにかくに物は思はじ飛騨人《ひだびと》の打つ墨縄《すみなわ》のただ一道《ひとみち》に（作者未詳）

意味は、あれやこれやともう迷ったりしない。飛騨の匠が打つ墨縄（木材などに直線を引くときに用いる道具、墨壺とも）のようにただ一筋にあなたを思うことにしよう、という恋歌である。墨縄がこの時代すでに存在していたとは驚きだが、墨縄が引く直線に、飛騨の匠のひたむきな仕事ぶりをかけたことは言うまでもない。

いずれにしろ、こうして飛騨の匠たちは都などで懸命に働いた。平城京や平安京の造営、さらに薬師寺、法隆寺（夢殿）、東大寺、西大寺などの建築でその卓抜な技術を発揮したことが記録されている。

飛騨の匠に課せられたこうした労役――人材派遣は結局、平安時代末期に自然消滅するまでおよそ五百年間も存続した。この間、都などに派遣された人数はのべ四万人とも五万人とも言われている。彼らはこの五百年間で日本の木造建築の黄金時代を築き上げたわけである。

鎌倉時代後期には藤原宗安《むねやす》という大工の名人が登場し、飛騨の匠としては初めて受領名《ずりようめい》（非公式の官職名）を授かり、飛騨権守《ごんのかみ》を名乗る。それゆえ今日でも藤原宗安は聖徳太子（大工道具の曲尺《かねじやく》を発明したと伝わる）と並んで「大工の神さま」として全国の大工職人から崇敬《すうけい》を集めているのである。

▼飛騨の匠の技術を結集させた高山祭の屋台

その後、戦乱の時代を迎えて飛騨の匠が文献に登場することはなくなるが、江戸時代となり、泰平の世が訪れると飛騨の匠は社寺建築に加えて民家建築の分野にも幅を広げたことで再び隆盛を迎えることになる。

そうした大工一門の代表格が水間《みずま》一門と松田一門である。水間一門は藤原宗安の直系を称し、伝統的な社寺建築を得意とした。一方、松田一門は彫刻に優れた作品を残した。両者がこうして腕前を競い合うことで飛騨の匠の技量はいよいよ磨かれ洗練されていったのである。

江戸の初期には、黄金色の漆器「春慶塗《しゅんけいぬり》」が登場。以来、この春慶塗は飛騨地方の新たな特産品となった。一般的な漆器と異なり沈金《ちんきん》や蒔絵《まきえ》などに頼らず、表面に塗った透明度の高い透漆《すきうるし》を通して木目の美しさを際立たせたのが春慶塗の特徴だ。

こうした飛騨で永年培われてきた社寺建築や彫刻、漆芸などの技術を一つに結集させたものといえば、高山祭に登場する屋台（高山では山車《だし》のことをこう呼ぶ）である。江戸の初期に始まった高山祭は、京都の祇園祭、埼玉の秩父夜祭と並んで「日本三大曳山祭《ひきやま》」の一つに数えられる祭礼だ。

屋台には「動く陽明門」と称されるほどの絢爛《けんらん》豪華な彫刻や漆芸が施されたものや、あるいは人々の目をくぎ付けにするからくり人形を搭載したものなどがあるが、まさにこの屋台こそは飛騨の匠の技と心意気を象徴する存在と言えるだろう。

▼匠の技が継承されてきた意外な理由とは

昔から良材に恵まれてきたという環境のよさもあるが、奈良時代から平安時代にかけての五百年間、それが義務だったとはいえ、都で宮殿や社寺の建築に携わり、木工の技術を維持・発展させてきた飛騨の匠。

江戸時代に入ると、この飛騨地方は幕府の天領（直轄地）になったことで、林業で財を成す商人が続出する。さらに彼らは儲けた金で両替商にも乗り出し、幕府や大名にまで金を融通するほどの富商――「旦那衆《だんなしゅう》」と呼ばれた――となる。彼らがやがて仲間同士で競うように豪奢《ごうしゃ》な屋敷や蔵、さらに祭の屋台などを建築するようになったのは自然の流れだった。

施主（旦那衆）から「いくら費用がかかっても構わない」と言われ、匠たちもさぞや腕が鳴ったことだろう。江戸時代を通じて飛騨の匠の技が途絶えることなく継承されてきたのは、こうした地元飛騨の旦那衆の存在が大きかったのだ。やはり、いつの世も職人を生かすのは後援者《スポンサー》なのである。

飛騨地方は太平洋戦争で空爆に遭わなかったため、今日そうした歴史的建築物がいくつも残されている。興味のある方は一度訪ねてみてはいかがだろう。

◇

太平洋戦争の話に触れたので、この当時の飛騨の匠に関する雑学を一つ最後に述べてみよう。戦時中、いよいよ物資の調達に困窮した軍部は、この飛騨高山で木製の戦闘機を製造しようとしていたことをご存じだろうか。試作機までは完成したのだが、やがて終戦の日を迎えるとその完成した試作機や設計図を関係者があわてて河原で焼却し、証拠隠滅を図ったそうである。

飛騨の匠がつくった幻の戦闘機――実物をこの目で見てみたいと思う人は少なくないだろう。

■主な参考文献（順不同）

「古武術・剣術がわかる事典」（牧秀彦著／技術評論社）、「歴史群像デジタルアーカイブス　柳生宗矩と新陰流の極意」（渡辺誠著）、「同　戦国時代　歴史を動かす快男児　傾奇者たちの戦国時代」（永岡慶之助著＝以上は学研）、「戦国鉄砲・傭兵隊　天下人に逆らった紀州雑賀衆」（鈴木眞哉著／平凡社新書）、「尻啖え孫市」（司馬遼太郎著／角川文庫）、「穴太頭と穴太衆」（戸波亮著／文芸社）、「歴史群像シリーズ　戦国合戦大全（上・下巻）」「同　忍者と忍術―闇に潜んだ異能者の虚と実」「同　高杉晋作―幕末長州と松下村塾の俊英」「同　上杉謙信　戦国最強武将破竹の戦略」「同　武田信玄―風林火山の大戦略」「同　西郷隆盛―維新回天の巨星と戊辰戦争」「同　血誠　新撰組」（以上は学研プラス）、「歴史文化ライブラリー　悪党の世紀」（新井孝重著／吉川弘文館）、「悪党（読みなおす日本史）」（小泉宜右著／吉川弘文館）、「倭寇―海の歴史」（田中健夫著）、「日本の歴史16　天下泰平」（横田冬彦著）、「相楽総三とその同志」（長谷川伸著）、「日本の歴史07　武士の成長と院政」（下向井龍彦著＝以上は講談社学術文庫）、「痛快にっぽん商人道」（加来耕三著／日本経済新聞出版）、「歴史研究　特集・三重県歴史の謎」（歴研）、「天誅組」（大岡昇平著／講談社文芸文庫）、「万葉集講義　最古の歌集の素顔」（上野誠著／中公新書）、「彰義隊遺聞」（森まゆみ著／集英社文庫）、「火付盗賊改　鬼と呼ばれた江戸の『特別捜査官』」（高橋義夫著／中公新書）、「新徴組の真実にせまる」（原作・千葉弥一郎、編者・西脇康／文学通信）、「戦国金山伝説を掘る―甲斐黒川金山衆の足跡」（今村啓爾著／平凡社選書）、「飛騨高山　匠の里」（別冊太陽編集部編／平凡社）、「人物文庫　大石内蔵助」（松永義弘著／学陽書房）、「大人のための儒教塾」（加地伸行著／中公新書ラクレ）、「日本全史」（講談社）、「合戦の日本史」（安田元久監修／主婦と生活社）など。

青春文庫

ウラから知《し》ると面白《おもしろ》い
「影《かげ》の組織《そしき》」のすごい日本史《にほんし》

2021年 9 月20日　第1刷

編　者　歴史《れきし》の謎研究会《なぞけんきゅうかい》

発行者　小澤源太郎

責任編集　株式会社プライム涌光

発行所　株式会社青春出版社

〒162-0056　東京都新宿区若松町 12-1
電話 03-3203-2850（編集部）
03-3207-1916（営業部）
振替番号　00190-7-98602

印刷／中央精版印刷
製本／フォーネット社
ISBN 978-4-413-09785-7

そこを教えてほしかった
理系の雑学

え！ ウソ!? ビックリ！
宇宙、地球、テクノロジー、脳、人体…
科学のニュースが自信を持って語れる本。

おもしろサイエンス学会［編］

(SE-776)

図説 日本の異界を歩く！
遠野物語

座敷童子、オシラサマ、河童、神隠し…なるほど、そういう話だったのか！ 大人が読むから面白い、地図とあらすじの旅へようこそ

志村有弘［監修］

(SE-777)

1日1分
骨から小顔

顔が大きいのは「骨格のゆがみ」が原因！
「ボディから整える」セルフ整体のメソッドで永遠に小さな顔が手に入る

南 雅子

(SE-778)

日本人が追い求めてきた美の世界
色の名前の日本史

「緋」「蘇芳」「藍色」「浅葱」「梅染」「利休茶」「龍胆」「半色」…
なぜ、その色に心を打たれるのだろう！

中江克己

(SE-779)